CW01668804

VAN DE BAAN

Janske van Eersel

VAN DE BAAN

BEGRIJPEN EN BEGELEIDEN VAN ROUW DOOR WERKVERLIES

Boom

Meer informatie over deze en andere uitgaven vind je op www.boom.nl.

Redactie: Mark Ubbink, Amsterdam
Omslagontwerp: Bas Smidt, Den Haag
Opmaak binnenwerk: Pre Press Media Groep, Leerdam
Figuren: Yinne Smith
Auteursfoto omslag: Claudia Rison
Illustraties binnenwerk en omslag: Jetteke Ottevanger

ISBN 9789024469512
ISBN e-book 9789024469529
NUR 808

MIX
Papier | Ondersteunt verantwoord bosbeheer
FSC® C004472

Voorwoord

Rouwen om baanverlies kent niet echt een thuis. Het hoort niet bij klinische psychologie, want het gaat over werk en niet over verlies van een dierbaar persoon. Het past niet bij arbeids- en organisatiepsychologie, want het gaat over baanverlies. Ook bij humanresourcesmanagement lijkt het niet aan te sluiten, omdat het gaat over de periode na ontslag. En zo kan ik nog wel even doorgaan. Andersom kun je ook stellen dat doordat dit onderwerp door de mazen heen valt, het juist overal thuishoort. Om deze reden heb ik vijf experts gevraagd om vanuit hun vakgebied hun visie te geven op rouwen om baanverlies.

Jitske Kramer

Cultureel antropoloog, spreker en bestsellerauteur, gespecialiseerd in organisatiecultuur, transformatieprocessen, leiderschap en inclusie

Net zoals je rouwt bij het verliezen van iemand die je dierbaar is, kun je ook rouwen om het verlies van je werk. Ik heb het zelf ooit meegemaakt door ziekte en vroeg me af wie ik eigenlijk nog was zonder die baan. Werk geeft naast economische zekerheid voor veel mensen ook een gevoel van identiteit. En als dit verdwijnt kan dat je diep raken.

Wanneer je je baan verliest kom je in een situatie waarbij de zekerheid van een baan achter je ligt, maar de toekomst nog onduidelijk is. Een onzekere tussentijd die antropologen 'liminaliteit' noemen: een tussentijd, waarin je je als het ware tussen twee verhalen in bevindt. Het oude verhaal geeft geen houvast meer en het nieuwe is nog niet gevonden. Dit kan een periode vol onzekerheid, verwarring en verdriet zijn.

Rituelen kunnen hier echt een verschil maken. Misschien denk je bij rituelen aan begrafenissen of andere belangrijke momenten, maar ook bij baanverlies kunnen ze helpen. Het kan iets symbolisch zijn, zoals een afscheidsmoment met collega's, het opruimen van je werkplek of een ritueel voor jezelf waarin je stilstaat bij deze verandering. Dit soort handelingen helpt je om de overgang af te sluiten en ruimte te maken voor iets nieuws.

Dr. Merel Feenstra-Verschure

Assistent-professor organisatiepsychologie, gespecialiseerd in mensen die 'opgesloten' zitten in hun baan

Wat gaat er vooraf aan mensen die na het verlies van hun baan rouwklachten ervaren? Om daar antwoord op te geven, komen we al snel bij de organisatiecontext. In interrelationele samenwerkingen binnen organisaties is een gezonde samenwerking tussen personen cruciaal. Vaak gaat het mis in deze relatie wanneer er onvoldoende sprake is van onderlinge communicatie, weinig erkenning is voor het geleverde werk of er sprake is van een onprettige relatie met de leidinggevende. Een groot deel van de mensen met gecompliceerde rouwklachten na baanverlies zal daarom niet 'op hun plek' hebben gezeten binnen hun organisatie. Dit zal tenminste de perceptie van de werkgever zijn geweest, maar wellicht ook van de werknemer.

Vaak hebben deze werknemers onbewust in een werksituatie gezeten die niet meer volledig paste en die hierdoor heeft geleid tot dit ontslag. Het niet ondernemen van stappen en niet bewust bezig zijn met hun eigen carrière, is iets wat decennialang als heel normaal werd bestempeld. Maar tegenwoordig willen mensen minder vaak tot aan het pensioen bij een en dezelfde werkgever blijven.

Tegelijkertijd is er bij veel werknemers sprake van te weinig eigen regie over hun carrière. Dat vraagt om een andere houding, een andere mindset, van beide partijen. Vanuit organisaties zijn managers en HR-professionals vooral aan zet om medewerkers meer te begeleiden in het terugpakken van deze eigen regie. Door werknemers weer in staat te stellen deze regie terug te nemen, voorkomen we dat mensen onnodig lang ongelukkig in een baan blijven zitten én dat mensen uiteindelijk soms zelfs gedwongen worden tot een ontslag dat ze niet zagen aankomen.

Prof. dr. Irmgard Borghouts
Hoogleraar sociale zekerheid en arbeidsmarkt, gespecialiseerd in inclusie, sociale zekerheid en arbeidsmarktbeleid

Baanverlies is niet alleen een persoonlijke gebeurtenis, maar ook een maatschappelijk vraagstuk dat raakt aan de fundamenten van onze arbeidsmarkt en sociale zekerheid. Ook in tijden van een krappe arbeidsmarkt reorganiseren bedrijven als gevolg van digitalisering, robotisering en toenemende concurrentie en verliezen mensen hun baan. De uitdaging ligt niet alleen in het voorkomen van werkloosheid, re-integratie en inkomensondersteuning na verlies van werk, maar ook in het opvangen van de emotionele en mentale impact.

Rouwen om baanverlies wordt vaak onderschat. Voor veel mensen is werk een essentieel onderdeel van hun identiteit en eigenwaarde. Het verlies ervan kan naast financiële onzekerheid ook leiden tot een gevoel van vervreemding en verlies van sociale verbondenheid. Dit maakt het herstelproces na werkverlies complexer dan alleen het vinden van een nieuwe baan.

Een inclusieve arbeidsmarkt waar iedereen – ongeacht leeftijd, achtergrond of arbeidsvermogen – eerlijke kansen krijgt, is daarbij essentieel. Een robuust sociaal vangnet en re-integratieprogramma's moeten niet alleen gericht zijn op werkhervatting, maar ook op preventie, het versterken van persoonlijke veerkracht en het ontwikkelen van nieuwe vaardigheden, zodat iedereen duurzaam kan deelnemen aan de arbeidsmarkt.

Als professional in de re-integratiebranche is het daarom van belang niet alleen te focussen op de praktische aspecten van werkhervatting, maar ook oog te hebben voor het emotionele herstel van mensen die hun baan kwijt (dreigen te) raken. Dit boek biedt handvatten om je daarin te ondersteunen.

Aaltje Vincent
Loopbaan- en sollicitatie-expert, auteur en spreker

Als je cliënten hun baan verliezen, kan dat een zware klap zijn. Het is verleidelijk om ze zo snel mogelijk weer te laten solliciteren, maar dat is niet altijd de beste keuze. Het is belangrijk om eerst ruimte te geven om het verlies te verwerken. Baanverlies is een vorm van rouw, en rouw moet je serieus nemen.

Als iemand te snel gaat solliciteren terwijl die nog midden in het rouwproces zit, merken selecteurs – zoals recruiters, HR-managers en leidinggevenden – dit direct op. Zelfs als je cliënten denken dat het niet zichtbaar is, wordt het vaak intuïtief aangevoeld. Dit kan blijken uit de motivatiebrief, de antwoorden tijdens een gesprek of de vragen die (niet) worden gesteld. De emoties van boosheid of verdriet zijn dan nog aanwezig. Dit kan de kansen op succes verkleinen of zelfs verpesten. Een negatieve spiraal ligt dan op de loer, waarbij elke afwijzing de onzekerheid en rouw vergroot.

Als professional is het daarom essentieel om je cliënten eerst de tijd te geven om het verlies te verwerken. Dit proces kan ondersteund worden door professionele begeleiding of een 'werkvindmaatje'. Wanneer ze weer in balans zijn, weten wat ze willen en vol zelfvertrouwen zijn, kan er pas gericht worden gesolliciteerd. Dit boek biedt handvatten om dat proces goed te begeleiden, zodat je cliënten sterker en zelfverzekerder weer de arbeidsmarkt kunnen betreden.

Prof. dr. Evelien Brouwers
Hoogleraar psychische gezondheid en duurzame inzetbaarheid, gespecialiseerd in arbeidsparticipatie en mentale gezondheid op het werk

Onderzoek laat zien dat het hebben van betaald werk belangrijk is voor welzijn en gezondheid. Een fijne baan biedt kansen om je te ontwikkelen, sociale contacten, dagstructuur, zingeving en financiële onafhankelijkheid. Bij het verlies van een baan verliest iemand daarmee ook al deze voordelen en kan er een rouwproces ontstaan.

Het is belangrijk dat praktijkprofessionals daarop alert zijn, want voor hun cliënten kan er een spiraal naar beneden ontstaan. Bovendien zijn werkloosheid en armoede – ook al los van een rouwproces – slecht voor de gezondheid.

Professionals die cliënten zien in deze fase kunnen echt het verschil maken. Dit inzichtgevende boek laat op een toegankelijke manier zien hoe een neerwaartse spiraal kan ontstaan en voorkomen kan worden, en biedt praktische, op wetenschappelijk onderzoek gebaseerde handvatten voor praktijkprofessionals.

Samenvattend
Zoals de bijdragen van deze experts laten zien, raakt rouwen om baanverlies aan meerdere vakgebieden en perspectieven. Van antropologie tot arbeidsmarktbeleid, van psychologie tot loopbaanbegeleiding – elk perspectief werpt een uniek licht op dit complexe fenomeen.

Dit boek streeft ernaar om deze veelzijdigheid te vangen en te tonen hoe divers en gelaagd de ervaring van baanverlies kan zijn. Hierdoor kunnen we recht doen aan de complexiteit van deze ervaring en cliënten beter ondersteunen in hun weg naar een nieuwe toekomst.

Inhoudsopgave

Inleiding

In deze inleiding neem ik je in vogelvlucht mee terug naar waar het begon, waarom dit onderwerp mij zo na aan het hart ligt en wat ik hoop te bereiken met dit boek.

Als re-integratiepsycholoog heb ik duizenden mensen begeleid vanuit een uitkeringssituatie en tijdens een Spoor 2 traject. Voor jou is deze term waarschijnlijk bekend, maar voor de volledigheid: wanneer een medewerker langdurig verzuimt en er zijn geen passende arbeidsmogelijkheden bij de huidige werkgever (Spoor 1), moet er doorgaans na één jaar ook extern worden gezocht naar passend werk (Spoor 2). Voor veel mensen is dit een pittig traject, dat gepaard gaat met heftige emoties.

Gedurende mijn loopbaan in de re-integratiebranche heb ik ex-ondernemers ontmoet die miljoenen hadden verdiend, maar door diverse tegenslagen moest ik ze helpen met hun aanvraag voor de voedselbank. Ik sprak vrouwen die hun ziel en zaligheid in hun werk als verzorgende hadden gelegd, maar vanwege fysieke klachten genoodzaakt waren om te stoppen. Ik zag mensen die tachtig uur per week werkten, alles gaven en door problemen met hun leidinggevende, een (economische) crisis of een reorganisatie van de ene op de andere dag op straat stonden.

Waarneming en waarheid

De reacties die deze mensen toonden, zoals boosheid, bitterheid, verslagenheid, moeite met accepteren van de situatie, verdriet en vooral de vraag 'Wie ben ik nu nog?', leken in mijn ogen sterk op *rouw*. Om te onderzoeken of deze aanname klopte, volgde ik een tweejarige post-hbo-opleiding tot rouw- en verliesbegeleider. Hoewel de opleiding geweldig was, vond ik daar niet het antwoord op mijn vraag: 'Kun je rouwen om baanverlies?' Het antwoord: 'Ja, dat zie je toch', was voor mij als wetenschapper te dun. Iets waarnemen maakt het nog niet waar. We zien wat we willen zien; onze perceptie van de wereld is gekleurd door ons eigen perspectief.

Figuur 1 Een afbeelding met meerdere perspectieven

Als je deze figuur op de grond legt en er vier personen omheen plaatst, zal iedereen iets anders zien. En toch is alles wat zij zien waar. Probeer het zelf maar. Bekijk de figuur van bovenaf, van onderen, van links en van rechts. Wat zie je?*

* Als je vanuit alle perspectieven kijkt, zie je een M, een W, een E of een 3, afhankelijk van je positie.

Het simpele antwoord 'Je ziet het, dus het is zo', volstaat voor mij niet. Dit geldt des te meer omdat de (klinische) wetenschap rouwreacties op 'levend verlies' (zoals baanverlies, scheiding, natuurrampen) doorgaans ziet als een aanpassingsstoornis (Lorenz et al., 2020). Hiermee bedoelen ze dat iemand na een ingrijpende levensgebeurtenis overmatige stress ervaart, die het dagelijks functioneren belemmert. Naar mijn mening doe je hiermee de mensen die rouwen om levend verlies tekort en maak je een complexe situatie nodeloos ingewikkeld. Ik had de impact van levend verlies al vele malen bij mijn cliënten waargenomen en ondervond dit zelf ook een paar weken voor het einde van mijn opleiding.

Dinsdagochtend. Door de winterschemering rijd ik naar een moeilijk gesprek met mijn leidinggevende. De hele nacht heb ik liggen woelen en draaien. Nauwelijks een oog dicht gedaan. Vandaag is het zover. Eindelijk gaat er de duidelijkheid komen waar ik zo naar verlang en die ik zo vrees.

Tijdens het rijden blijf ik maar denken: je kunt nog omdraaien. Maar ik rijd door, met een knoop in mijn maag parkeer ik de auto. Alles voelt zwaar, mijn hart klopt in mijn keel, ik krijg geen lucht. Met lood in mijn schoenen schuifel ik de lounge in. Ik zie mijn leidinggevende zitten en wil alleen nog maar wegrennen, verdwijnen. Het zal toch niet echt? Er moet toch nog een escape zijn? Binnen tien minuten is het hoge woord eruit. Ontslag!

De grond valt weg. Gedachtes verstillen. Ik ben thuisgekomen, maar hoe, geen idee.

Verknocht aan mijn baan

Ik hield van mijn baan als re-integratieadviseur. Niet alleen omdat ik van betekenis kon zijn voor mensen in een kwetsbare positie, maar ook vanwege de vrijheid en zelfstandigheid die het werk bood. Ik deed alles om de situatie van mijn cliënten draaglijker te maken en om hun vertrouwen in zichzelf, de wereld en anderen enigszins te herstellen. Ik liep een stukje met ze op, totdat ze weer zonder mijn steun verder konden. Echter, sommige verhalen waren zo schrijnend dat het moeilijk was om ze los te laten.

Toen de economische crisis mijn werkgever trof en enkele collega's ziek werden, was mijn eerste reactie om nog harder te gaan werken. In de maanden voor mijn ontslag waren werkdagen van 6 uur 's ochtends tot 11 uur 's avonds geen uitzondering. Ik had mijn ziel en zaligheid in mijn werk gestopt, waardoor ik nog nauwelijks tijd overhield voor vrienden, familie en hobby's. In retrospectief zie ik ook hoe ongezond dit was en hoe ver ik in de overbelasting zat. Toen zag ik dat niet, omdat mijn cliënten mij nodig hadden en het bedrijf in zwaar weer zat. Dus 'dat doe je gewoon'. Je kunt je voorstellen dat mijn ontslag er dan ook flink inhakte. Het bij anderen zien is één ding, maar het zelf ervaren, dat is iets anders. Zeker als je identiteit grotendeels samenvalt met je werk.

De dagen daarna

De dagen na mijn ontslag ben ik boos. Op mijn leidinggevende, op sommige collega's, op de situatie, maar vooral op mijzelf. Gedachtes die overheersen zijn: hoe heb ik dit kunnen laten gebeuren? En: ik had beter mijn best moeten doen.

Alle goede resultaten ten spijt, ik had gefaald. Ik had mijn klanten in de steek gelaten. Om grip te krijgen op alle onrust in mijn lijf en hoofd, ben ik de badkamer gaan schrobben. En dat terwijl ik een hekel heb aan schrobben, dus als ik vrijwillig met een schrobborstel in de weer ga, dan is er iets goed fout.

Hoe schoner de badkamer wordt, hoe meer mijn lijf tot rust komt. En langzaam kan ik voelen wat er eigenlijk aan de hand is. En rijst de vraag: 'En nu, wie ben ik zonder mijn baan?'

Start van promotieonderzoek

Sinds de jaren negentig is er veel onderzoek verricht naar rouw en in het bijzonder naar gecompliceerde rouw na verlies van een dierbare. In 2015 was het echter nog opvallend stil in de wetenschappelijke literatuur over gecompliceerde rouwreacties na baanverlies. De overheersende tendens onder (klinische) wetenschappers was dat rouw alleen mogelijk was bij verlies van een dierbare. Bij andere vormen van verlies werd dit afgedaan als een aanpassingsstoornis.

De verhalen van mijn cliënten en mijn eigen ervaring met ontslag, gecombineerd met deze kennislacune, waren voor mij de aanleiding om in 2015 te starten met mijn onderzoek als buitenpromovendus naar rouwen om baanverlies. Dit heb ik gedaan in samenwerking met prof. dr. Paul Boelen en prof. dr. Toon Taris, bij de afdeling klinische psychologie van de Universiteit Utrecht. Hierbij heb ik mij specifiek gericht op gecompliceerde rouwreacties na onvrijwillig baanverlies. Oftewel, mensen die lang na hun baanverlies nog steeds hevige rouwreacties laten zien en bij wie het niet lukt om de draad weer op te pakken. Dit zag ik vaker dan mij lief was bij mijn cliënten.

Dit heeft ertoe geleid dat ik sinds 2015 onderzoek verricht naar gecompliceerde rouwreacties bij baanverlies. Al deze bevindingen zijn verwerkt in wetenschappelijke artikelen en mijn proefschrift *Working Through Job Loss: Characteristics and Consequences of Complicated Grief Following Job Loss* (Van Eersel, 2022). De bevindingen uit deze onderzoeken vormen de basis voor dit boek. Deze heb ik zoveel mogelijk vertaald naar praktische handvatten, zodat jij er als professional mee aan de slag kunt.

Rouw binnen Spoor 2

Sinds 2021 verricht ik ook onderzoek naar rouwreacties binnen Spoor 2 trajecten. De eerste bevindingen van deze studies sterken mij in de overtuiging dat de rouwreacties bij gezondheidsverlies en dreigend baanverlies vergelijkbaar zijn met rouwreacties na baanverlies. En dat daarom meer dan 90 procent van wat ik in dit boek deel aan kennis, ervaringen, bevindingen en interventies over rouwen om baanverlies, ook toepasbaar is op rouwreacties binnen Spoor 2 trajecten. Dus ja, ook als je voornamelijk Spoor 2 kandidaten spreekt, is de inhoud relevant voor jou.

Illustraties

Je komt in dit boek ook illustraties tegen, zoals de kolibrie op het omslag. De eerste keer dat ik kolibries zag, was in Costa Rica in Monteverde en ik was direct verkocht. Als je je vinger bij het voederbakje houdt, gaan ze op je vinger zitten om energie te sparen. Het kostte mijn vriend veel moeite om mij bij die plek vandaan te krijgen. Magisch. Toen ik voor mezelf begon, wilde ik dan ook graag een kolibrie als bedrijfslogo. En ja, ook bij de omslag van mijn proefschrift kwam de kolibrie weer in beeld. Een van mijn transitiecoaches vertelde toen dat de kolibrie vanuit de Mayacultuur bekendstaat als boodschapper. Doordat de kolibrie achteruit kan vliegen, kan hij ophalen uit het verleden wat je in het heden nodig hebt. Mooier kun je het toch niet verzinnen bij rouw en verlies?

Bij de aanvang van elk hoofdstuk staat een illustratie van een dier, om de kern van dat hoofdstuk weer te geven en omdat ik dieren troostend vind. Als er stress, gedoe en ellende is, zijn dieren mijn eerste coping om naar te kijken of te knuffelen. Mensen die mij kennen, weten dat ik direct ben afgeleid als er een dier in mijn gezichtsveld komt. Vandaar dat ze ook in dit boek niet mogen ontbreken.

Opbouw van dit boek

In dit boek leg ik de verbinding tussen theorie, onderzoeksresultaten en de praktijk. Elk hoofdstuk is opgezet om jou te voorzien van kennis, inzichten en praktische handvatten, waardoor je rouwreacties bij baanverlies tijdig kunt herkennen, psycho-educatie kunt geven en weet wanneer je je cliënten moet doorverwijzen. Het boek is onderverdeeld in drie delen.

Deel I richt zich op het begrijpen en herkennen van rouwreacties na baanverlies.

- Hoofdstuk 1 gaat in op de betekenis van werk, de impact van baanverlies en een uitleg over zowel de zelfdeterminatietheorie als een bekend stressmodel, de 'Conservation of Resources'-theorie.
- Hoofdstuk 2 behandelt verschillende rouwmodellen, zoals het 5-fasenmodel en het duale procesmodel.
- Hoofdstuk 3 bespreekt kenmerken van rouw na baanverlies en de relatie met depressieve en angstklachten na baanverlies.
- Hoofdstuk 4 leert je hoe je rouwreacties kunt herkennen en meten.

Deel II behandelt redenen waarom mensen vastlopen na baanverlies en de gevolgen daarvan.

- Hoofdstuk 5 kijkt naar risicofactoren die de kans op vastlopen in rouw vergroten.
- Hoofdstuk 6 legt drie kernprocessen uit die inzichtelijk maken waardoor mensen kunnen vastlopen in rouw na baanverlies.
- Hoofdstuk 7 geeft inzicht in de gevolgen van rouwreacties na baanverlies.

Deel III laat zien hoe je in de praktijk kunt werken met rouwreacties na baanverlies.

- Hoofdstuk 8 richt zich op de preventie van rouwreacties bij baanverlies.
- Hoofdstuk 9 biedt handvatten, tips en oefeningen voor het verminderen van rouwreacties na baanverlies.
- Hoofdstuk 10 presenteert twee ervaringsverhalen over rouw door baanverlies en rouw binnen Spoor 2.
- Hoofdstuk 11 belicht de implicaties voor de praktijk en biedt een blik op toekomstig onderzoek.

Alle casusbeschrijvingen in dit boek zijn gebaseerd op mijn cliënten of ervaringsverhalen van mensen die ik geïnterviewd heb voor dit boek. Herleidbare kenmerken heb ik aangepast om hun anonimiteit te waarborgen.

Ik wens je veel leesplezier en hoop dat dit boek bijdraagt aan meer erkenning en herkenning van rouwreacties na baanverlies, zodat jij vanuit jouw rol als professional nog meer kunt betekenen voor jouw cliënten.

DEEL I

Wat zijn rouwreacties na baanverlies en hoe herken je ze?

Toen het verhaal begon
Toen ik nog vliegen kon
Naar de magistrale zon

Spinvis

SPOED

1

De waarde van werk

In dit hoofdstuk sta ik stil bij de impact van baanverlies en de betekenis van werk. Hiervoor maak ik gebruik van de zelfdeterminatietheorie en 'Conservation of Resources'-theorie. Deze kennis stelt jou in staat om psycho-educatie te geven aan je cliënten over de impact van baanverlies.

Baanverlies

In het tweede kwartaal van 2024 waren er in Nederland 370.000 mensen werkloos, wat neerkomt op 3,6 procent van de beroepsbevolking. Van deze groep zijn 61.000 mensen (16 procent) al minstens een jaar werkzoekend (CBS, 2024). Baanverlies kan *vrijwillig* zijn, zoals wanneer iemand zelf het besluit neemt om de organisatie te verlaten, of *onvrijwillig* als de werkgever het heft in handen neemt, bijvoorbeeld vanwege een reorganisatie of een arbeidsconflict. Hoewel de meeste mensen – ongeveer 80 procent – weinig emotionele stress ondervinden na baanverlies, ervaart een minderheid – circa 18 procent – significante emotionele stress, zoals rouw-, depressieve en angstklachten (Bonanno et al., 2011).

Als professional weet je hoe groot de impact van baanverlies kan zijn. Het staat niet voor niets in de top vijf van meest stressvolle gebeurtenissen (Miller & Rahe, 1997). Het verlies van een baan brengt niet alleen verlies van inkomen met zich mee, maar leidt vaak ook tot secundaire verliezen, zoals verlies van financiële zekerheid, toekomstperspectief, collega's en maatschappelijke status. De impact en perceptie van baanverlies verschilt van persoon tot persoon, net als de manier waarop iemand hiermee omgaat.

Betekenis van werk

In juni 2020 verscheen een artikel in *Het Parool*, 'Ik werk, dus ik ben' (Grosfeld, 2020), waarin wordt benadrukt hoe normaal het in Nederland is om je te identificeren met je baan. Vaak is het eerste wat we vragen bij een nieuwe ontmoeting: 'Wat doe jij voor werk?'

Werk verbindt ons met een 'tribe', een sociale groep waar we deel van uitmaken. Het geeft ons een plek in de samenleving en het verlies van werk voelt daarom vaak als het verlies van een sociale en culturele rol (Kramer & Braun, 2018). Werkverlies kan voelen alsof je uit je tribe wordt gezet – de meest extreme vorm van uitsluiting voor ons mensen als sociale dieren.

Werk is niet alleen een manier om de rekeningen te betalen; het geeft structuur aan de dagen, sociale contacten buiten de familie en het gevoel bij te dragen aan een groter doel. Het geeft sociale status, identiteit, zingeving en zorgt ervoor dat we actief en betrokken blijven (Jahoda, 1981). De waarde die we hechten aan werk is door de jaren heen alleen maar toegenomen. We halen voldoening uit ons werk en zijn er trots op dat we hard werken. Sinds de hoogtijdagen van het existentialisme in de jaren zestig van de vorige eeuw, is het gangbaar om te denken dat we zelf verantwoordelijk zijn voor ons geluk en zijn we onze identiteit gaan baseren op wat we doen – niet op wie we zijn. Onze persoonlijke identiteit (wie we zijn) en onze professionele identiteit (wat we doen) zijn daardoor sterk vervlochten geraakt (Verhaeghe, 2012).

De betekenis die we aan ons werk geven, draait om zingeving en vier centrale vragen: 'Wat doe ik?', 'Waar hoor ik bij?', 'Wie ben ik?' en 'Waarom ben ik hier?' (Pratt & Ashforth, 2003). Na ontslag kan het beantwoorden van deze vragen en het vinden van jouw plek in de wereld een stuk lastiger zijn. Dit kan leiden tot een intens proces van loslaten en opnieuw definiëren van je persoonlijke en professionele identiteit. De reacties die ik hierin waarnam bij mijn cliënten leken sterk op rouw, zoals bij Emine.

Emine, 57 jaar oud, heeft bijna veertig jaar in de zorg gewerkt. Zij vond het heerlijk om mensen te verzorgen en een glimlach op hun gezicht te toveren, juist bij degenen die door collega's als 'lastig' werden bestempeld. Met geduld, aandacht en humor lukte het haar om iedereen te helpen, zelfs de meest uitdagende cliënten kreeg zij onder de douche. Wanneer er diensten moesten worden opgevangen, was zij vaak de eerste die werd gebeld. Haar inzet en passie werden niet alleen door haar cliënten, maar ook door haar collega's gewaardeerd.

Een aantal jaar geleden werd bij Emine een spierziekte vastgesteld, waardoor zij is uitgevallen en terugkeer in haar eigen werk onmogelijk werd. Ook andere functies binnen de zorg waren niet haalbaar vanwege haar beperkte belastbaarheid, waardoor zij is ontslagen. Alhoewel zij zich ook zorgen maakt over haar gezondheid, is de vraag die haar vooral bezighoudt: 'Wie ben ik als ik niet meer voor anderen kan zorgen?' Ze was haar baan.

Emine is iemand die geweldig is in hulp geven, maar om hulp vragen en het ontvangen is een stuk lastiger. Ze voelt zich verdrietig en machteloos dat zij haar vak niet langer kan uitoefenen. Het idee dat zij niet meer kan doen waar zij zo goed in was, breekt haar hart. Ze weet niet goed wat haar plek in de wereld is en vraagt zich af waar zij haar zorghart kwijt kan. Dit maakt dat ze zich steeds meer terugtrekt uit haar omgeving en veel piekert over hoe dit heeft kunnen gebeuren.

Zelfdeterminatietheorie

Om meer zicht te krijgen op de betekenis van werk is de *zelfdeterminatietheorie* behulpzaam. Deze theorie van Ryan en Deci (2000) richt zich op wat mensen motiveert en hun vermogen om autonoom beslissingen te nemen. Deze theorie is breed omarmd in uiteenlopende domeinen, zoals onderwijs, gezondheidszorg, sport en technologie. En terecht, want hij kan in zoveel situaties worden toegepast. Volgens deze theorie hebben mensen drie psychologische basisbehoeften:

1. *Autonomie*: De behoefte om controle te ervaren over ons eigen leven en onze keuzes.
2. *Competentie*: De behoefte om ons bekwaam en effectief te voelen in wat we doen.
3. *Verbondenheid*: De behoefte aan verbinding en gezelschap van anderen.

Deze drie basisbehoeftes kunnen binnen het werk worden vervuld, maar ook gefrustreerd raken. Wanneer je cliënten hun baan kwijtraken, ervaren ze vaak minder autonomie. Het is ze niet gelukt om hun baan te behouden, waardoor ze geloven dat ze ook geen invloed kunnen uitoefenen in de wereld om hen heen. Competentie is nauw verbonden met zelfvertrouwen; binnen hun werk kunnen je cliënten taken verrichten waar zij zich bekwaam in voelen. Na ontslag wordt het echter een stuk lastiger om dat gevoel van competentie vast te houden. Hoewel zij misschien goed zijn in bijvoorbeeld Sudoku of Candy Crush, draagt dat waarschijnlijk niet bij aan hun gevoel van competentie. Daarnaast verliezen je cliënten door hun ontslag vaak een deel van hun sociale contacten, wat het moeilijk maakt om verbondenheid met anderen te ervaren. Kortom, de kans is groot dat hun baanverlies een negatieve impact heeft op alle basisbehoeftes van de zelfdeterminatietheorie.

Als je cliënten werk deden waarbinnen de drie basisbehoeftes werden vervuld, is hun baanverlies vaak moeilijker om te verkroppen. Als ze intrinsiek gemotiveerd waren voor hun baan, dan verrichtten ze hun taken met plezier en hechtten ze waarde aan hun werk. Dit in tegenstelling tot mensen die vooral extrinsiek gemotiveerd zijn, die vaak primair voor het geld werken en beduidend minder waarde aan hun werk hechten. Voor intrinsiek gemotiveerde mensen heeft het verlies van hun baan daarom vaak meer impact dan voor degenen die werk voornamelijk als bron van inkomsten zien. Dit kun je zien in de casus van Chris.

Chris (61 jaar) heeft jarenlang met veel plezier historische gebouwen gerestaureerd. Hij stond fluitend op de steiger, waar hij de kozijnen millimeter voor millimeter herstelde. Hij had veel vrijheid om zijn eigen werk in te delen, zolang het werk maar op tijd klaar was. Chris had snel door waar iemand goed in is en zijn collega's werkten graag met hem samen. Hij genoot ervan als er complexe problemen waren die hij met creatieve, praktische oplossingen kon verhelpen. Na ruim veertig jaar op de steiger had hij het nog steeds goed naar de zin en was niet van plan om te stoppen.

Door de economische crisis was zijn werkgever echter genoodzaakt om mensen te ontslaan. Ze boden alle oudere medewerkers een exit-regeling aan, zodat de jongere collega's konden blijven. Chris wilde het niet op zijn geweten hebben dat iemand anders zijn baan zou verliezen vanwege hem en accepteerde daarom het aanbod.

Binnen enkele weken was er weinig meer over van zijn gebruikelijke optimisme en actieve houding. Fluiten deed hij niet meer. Hij wist niet meer wie hij was zonder zijn baan. Mensen vermeed hij liever om felicitaties over zijn vroegpensioen te voorkomen. Zijn pensioen kwam te vroeg en het was zijn keuze niet om nu al te stoppen. Hij had zo graag nog enkele jaren op de steiger gestaan. Hij mist zijn collega's, de geur van hout en het oplossen van ogenschijnlijk onmogelijke problemen.

Het is dan ook zinvol om met je cliënten in gesprek te gaan over in hoeverre de psychologische basisbehoeftes – autonomie, competentie en verbinding – werden vervuld binnen hun werk en op andere plekken in hun leven. Zeker als de fase van solliciteren in zicht komt, is het goed om te kijken wat je cliënten kunnen doen om zich competent te (blijven) voelen – ondanks eventuele afwijzingen. Je kunt hierbij denken aan het leren van een nieuwe vaardigheid, zoals koken of een taal leren, waarin zij zich kunnen bekwamen. Dit geeft een positief tegenwicht en helpt om hun zelfvertrouwen te behouden, als ze met afwijzingen worden geconfronteerd.

Conservation of Resources-theorie

Bij zowel Emine als Chris zijn hun persoonlijke en professionele identiteit sterk met elkaar vervlochten, waardoor hun ontslag een grote invloed heeft op hun welzijn en zij intense rouw ervaren. De 'Conservation of Resources' (COR)-theorie van Hobfoll en collega's (2016) laat zien hoe het komt dat we ons zo sterk kunnen hechten aan onze baan. De COR veronderstelt dat er psychologische stress optreedt wanneer essentiële hulpbronnen worden bedreigd of verloren gaan, of als investeringen niet de verwachte opbrengsten opleveren. Denk hierbij bijvoorbeeld aan een dak boven je hoofd, werk, zelfvertrouwen of fijne vrienden. Mensen zijn daarom gedreven om belangrijke hulpbronnen te verkrijgen, te behouden en te beschermen. Deze hulpbronnen kun je opdelen in: 1) *objecten*, zoals een huis en vervoersmiddelen, 2) *omstandigheden*, zoals een baan of huwelijk, 3) *persoonlijke eigenschappen*, zoals zelfvertrouwen en competentie, en 4) *energieën*, zoals tijd en geld.

Hobfoll benadrukt dat het verlies van hulpbronnen significant meer impact heeft dan het verkrijgen van hulpbronnen. Het verlies van hulpbronnen leidt vaak tot meer verlies en frequenter gebruik van disfunctionele copingstrategieën. *Coping* is de wijze waarop iemand met dingen omgaat; in het geval van disfunctionele coping kun je denken aan ontkenning, opgeven of zelfverwijt. Iemand komt in een neerwaartse verliesspiraal terecht. Bij baanverlies raak je niet alleen je baan kwijt, maar ook sociale contacten, financiële zekerheid, dagelijkse structuur, identiteit, zelfvertrouwen en een gevoel van autonomie. Andersom geldt dat over hoe meer hulpbronnen jij beschikt, hoe makkelijker het is om toegang te krijgen tot andere hulpbronnen en hoe frequenter je ook in lastige situaties functionele copingstrategieën toepast. Denk bijvoorbeeld aan positief kaderen, accepteren of actief aanpakken. Je bevindt je in een opwaartse winstspiraal.

De context waarbinnen het verlies plaatsvindt, heeft invloed op hoe makkelijk of moeilijk iemand hiermee kan omgaan. Met *context* doel ik op zaken als gezondheid en economische of maatschappelijke status. Gezondheidsproblemen kunnen de stress van baanverlies vergroten en de zoektocht naar ander werk bemoeilijken. Als je daarentegen over een financiële buffer beschikt en een steunend sociaal netwerk hebt, ervaar je waarschijnlijk minder stress door je baanverlies. Dit is te zien in figuur 2.

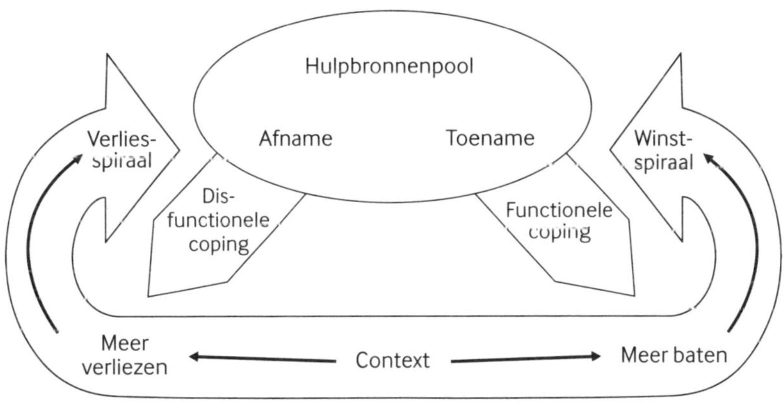

Figuur 2 Schematische weergave van de COR

De COR in de praktijk

Binnen de context van baanverlies kun je de COR terugbrengen tot drie essentiële vragen. Deze vragen zijn nuttig om aan je cliënten te stellen om de impact van hun baanverlies beter te begrijpen.

1. *Is het voor jou DE baan of EEN baan, of DE organisatie of EEN organisatie?*
Deze vraag onderzoekt of je werk slechts een middel is om inkomsten te krijgen of dat het je roeping is. Stel dat je van jongs af aan hebt gedroomd om juf of meester te worden op de basisschool en je staat al jaren met veel plezier en passie voor de klas. Lesgeven is alles wat je ervan hoopte en nog meer. Dan is er in jouw hoofd geen alternatief voor dit vak, want dit is wie je bent. Hetzelfde geldt als je organisatie aanvoelt als jouw familie. Een stewardess of piloot van de KLM zal niet snel overstappen naar een andere vliegmaatschappij, want zij hebben 'blauw bloed'. Je ziet dit ook vaak bij geüniformeerde beroepen, zoals de politie, brandweer en defensie. Je moet blind op elkaar kunnen vertrouwen, waardoor de band met je collega's zo hecht is dat de organisatie eerder als familie voelt. Overstappen naar een andere organisatie – zelfs in dezelfde functie – is dan ook vaak ondenkbaar, waardoor je meer stress ervaart bij baanverlies. Daarnaast maken zij vaak zaken mee tijdens hun werk, die zij niet kunnen delen met burgers (familie en vrienden), wat leidt tot een gevoel van eenzaamheid bij verlies van hun collega's (Van Tilburg-van Griensven, 2024).

2. *Hoeveel heb jij geïnvesteerd in je baan?*
Als je veel investeert in je baan – denk aan tijd, geld, energie – word je steeds afhankelijker van je baan en heb je meer te verliezen. Dit zie je vaak als mensen gepassioneerd zijn over hun vak en een hoge mate van werkbevlogenheid ervaren (Schaufeli & Salanova, 2011). Bevlogen medewerkers investeren aanzienlijk meer inspanningen en persoonlijke middelen in hun werk. Zij krijgen hier ook veel voor terug van hun werkgever, waardoor zij gemotiveerd blijven. Als mensen alleen maar investeren in hun baan, maar ze krijgen er weinig of niets voor terug, dan worden ze ontevreden en is de kans groot dat ze vertrekken. Een verstoring in de balans tussen geven en nemen kan dan ook leiden tot forse stress.

Voor een deel kan deze stress ook veroorzaakt worden doordat baanverlies of dreigend baanverlies voelt als een verbreking van het *psychologisch contract*. Dit contract omvat alle onuitgesproken, informele afspraken en verwachtingen die er bestaan tussen de werkgever en de werknemer (Rousseau et al., 2018). Het gaat uit van wederkerigheid, waarbij je bepaalde voordelen verwacht (zoals respect, mogelijkheden, beloningen) in ruil voor jouw inzet, loyaliteit en toewijding. Als jij je ziel en zaligheid in je werk hebt gestopt en je raakt je baan kwijt, dan voelt het alsof al jouw inspanningen en opofferingen voor niets zijn geweest. Bovendien had je zoveel geïnvesteerd in je baan met de hoop dat je zou kunnen blijven (baanzekerheid) en dat is niet gebeurd. Je bent ineens al je hulpbronnen kwijt en daarmee vaak ook je zelfvertrouwen, want blijkbaar had je de situatie verkeerd ingeschat.

3. *Hoeveel leven heb jij buiten je baan?*
Hoe meer hulpbronnen je tot je beschikking hebt, hoe makkelijker het is om met verlies, tegenslag en verandering om te gaan. In de maanden voor mijn ontslag waren werkdagen van 06.00 tot 23.00 uur geen uitzondering. Hierdoor had ik nauwelijks nog tijd voor vrienden buiten werk, familie, lezen, beeldhouwen, concerten, enzovoort, waardoor ik steeds afhankelijker werd van die ene hulpbron – mijn werk. Als je dan wordt ontslagen, heeft dat veel impact. Als je echter veel leven hebt buiten je werk, zoals mensen die je graag ziet en activiteiten waarvan je energie krijgt, dan komt de klap van het baanverlies minder hard aan. En dan is het makkelijk om je persoonlijke identiteit grotendeels overeind te houden, want je weet dan beter wie je bent naast je baan en welke sociale rollen jij nog meer vervult naast jouw professionele rol.

Vanuit het perspectief van deze drie vragen lijkt het vanzelfsprekend dat mensen zich sterk kunnen hechten aan hun baan en kunnen rouwen om onvrijwillig baanverlies. Wat hierbij goed is om te beseffen, is dat waar de ene persoon onderuitgaat door een verlies, het de ander nauwelijks hoeft te raken. Het gaat erom wat het verlies voor iemand betekent, hoe sterk de hechting is. Dit geldt voor een breed scala aan verliezen, zoals een scheiding, verhuizing, miskraam, chronische ziekte of het verlies van een huisdier.

Leo, 58 jaar, werkte al meer dan 25 jaar als ambtenaar bij een grote gemeente. Hoewel hij ooit vol enthousiasme aan zijn carrière begon, begon het werk hem in de loop der jaren steeds minder te boeien. De bureaucratie en de onpersoonlijke werksfeer maakten dat hij zich niet echt thuis voelde op zijn werk. Toen er een nieuwe, jongere leidinggevende kwam, werd de situatie nog ongemakkelijker. Deze leidinggevende hield hem nauwlettend in de gaten, wat leidde tot een toenemend gevoel van stress en verlies van werkmotivatie. Af en toe meldde Leo zich ziek, vooral wanneer de druk hem te veel werd.

Toen de mogelijkheid zich voordeed om met vroegpensioen te gaan en een aantrekkelijke afvloeiingsregeling te krijgen, hoefde Leo niet lang na te denken. Hij nam de regeling met beide handen aan en voelde een opluchting toen hij zijn laatste werkdag afrondde.

Nu, een jaar later, klust Leo regelmatig bij zijn ex-partner en helpt hij zijn kinderen met allerlei praktische zaken. Daarnaast doet hij wat vrijwilligerswerk in de buurt. Hij voelt zich vrijer en gelukkiger dan hij zich in jaren heeft gevoeld. Het verlies van zijn baan heeft hem niet geraakt zoals sommigen misschien hadden verwacht. Integendeel, hij ervaart het als een kans om eindelijk zijn tijd in te delen zoals hij dat zelf wil, zonder de druk en het gedoe van zijn oude werkplek.

Leedconcurrentie

Als je met iemand in gesprek gaat over de impact van verlies, dan is het essentieel om te erkennen dat jij niet weet wat het verlies voor de ander betekent. Wat voor de een 'slechts' een baan of huisdier kan zijn, is voor de ander een fundamenteel onderdeel van hun leven en identiteit.

Wij zijn vaak geneigd om bij verlies, zeker bij levend verlies, de 'leedladder' van stal te halen. Welk verlies is erg, erger en het ergst? (Van Sadelhoff, 2021) Probeer hiervan weg te blijven, want leedconcurrentie – Wie is er het ergst aan toe? Wie maakt terecht het meeste aanspraak op de hulp en het medeleven van anderen? – maakt een pijnlijke situatie onnodig ingewikkeld. Je kunt de ander daarmee het gevoel geven dat diens verdriet niet gerechtvaardigd is. Je kunt niet volledig omvatten wat het verlies voor de ander betekent, want jij bent de ander niet en je loopt niet in diens schoenen. Een empathische houding aannemen helpt om te voorkomen dat je in deze valkuil trapt.

Take-aways

- Werk betekent meer dan alleen het verkrijgen van inkomsten. Zeker in Nederland bepaalt werk voor een groot deel je identiteit.
- Onvrijwillig baanverlies kan een grote impact hebben op je welzijn.
- De drie vragen van de COR-theorie bieden een nuttig kader om beter te begrijpen hoe en waarom baanverlies zo ingrijpend kan zijn.
- Het is belangrijk om leedconcurrentie te vermijden en je cliënten zelf te laten vertellen wat het verlies voor hen betekent.

Reflectievragen

1. Is er voor jou verschil tussen wat je doet en wie je bent? Wat zeg je als anderen je vragen om iets over jezelf te vertellen?
2. Is jouw baan voor jou 'de baan' of 'een baan'?
3. Hoeveel tijd, geld en energie heb jij geïnvesteerd in je baan? En wat krijg je terug uit je baan? Denk niet alleen aan inkomen, maar ook aan status, identiteit, kansen om je te bewijzen, enzovoort.
4. Hoe herken je signalen bij je cliënten dat een van de drie psychologische basisbehoeften wordt gefrustreerd door hun baanverlies?
5. Denk aan een cliënt bij wie het baanverlies een grote impact heeft. Hoe zou jij de COR kunnen uitleggen om jouw cliënt te ondersteunen?
6. Reflecteer op een situatie waarin je een cliënt zag worstelen met leedconcurrentie. Hoe heb je dit aangepakt en wat zou je nu anders doen?

2

Hoe ziet een normaal rouwproces eruit?

In dit hoofdstuk lees je over twee belangrijke rouwmodellen: het 5-fasenmodel en het duale procesmodel. Met name het duale procesmodel is waardevol, omdat je hiermee rouw met je cliënt kunt bespreken en handvatten kunt geven om hiermee om te gaan. Beide modellen schetsen het verloop van een 'normaal' rouwproces.

Rouw

Rouw beslaat een breed scala aan reacties die worden getriggerd door een belangrijk verlies. Het voelt alsof je wordt losgetrokken van iets of iemand, tegen jouw zin in, en dat leidt tot scheidingspijn. Rouw na overlijden zijn alle reacties die optreden na het verlies van een persoon met wie een betekenisvolle relatie bestond. Denk aan huilen, missen, zoeken, niet-meer-weten, boos zijn en vragen als 'Hoe nu verder?' of 'Wie ben ik zonder …?', na de dood van je vader, zus, goede vriend of collega (De Keijser et al., 2018).

> *Rouw is de achterkant van hechting.*

Zonder een betekenisvolle relatie met de ander is er geen rouw. Je voelt geen rouw als de buurman van een collega is overleden. Wellicht wel empathie voor je collega, maar geen rouw. Rouw is de prijs die je betaalt voor de band die jij met de ander had opgebouwd. Hoe hechter de band, hoe hoger de prijs en hoe intenser de rouw. Die band hoeft overigens niet positief te zijn. Ook – of wellicht juist – met de mensen die een belangrijke rol in je leven spelen en met wie het schuurt, is de kans op intense rouwreacties groter. Het is dan ook van belang om te onderzoeken wat er precies verloren is gegaan.

Soortgelijke reacties kunnen ook optreden na onvrijwillig baanverlies. Net zoals bij het overlijden van een dierbare, ervaar je alleen rouw als je gehecht was aan je baan. Oftewel: hoe meer werk deel uitmaakt van je identiteit, hoe impactvoller het baanverlies is en hoe intenser de rouwreacties. Om uit te leggen hoe dat werkt, moeten we even een duik nemen in de identiteitstheorie.

Identiteitstheorie

Stel je voor dat iemands zelfbeeld is opgebouwd uit meerdere identiteiten, zoals die van partner, ouder, vriend en collega. Deze identiteiten zijn nauw verbonden met de sociale rollen die we vervullen in ons dagelijks leven (Stryker & Burke, 2000). Ze helpen ons om te begrijpen wie we zijn en hoe we ons in verschillende situaties moeten gedragen. Je gedraagt je bijvoorbeeld anders op je werk dan thuis als ouder en dat is precies hoe identiteiten werken: ze komen naar voren afhankelijk van de context waarin je je bevindt.

Maar wat gebeurt er als een belangrijke rol, zoals je werk, wegvalt? Dan komt je zelfbeeld op losse schroeven te staan, omdat een essentieel onderdeel van wie je bent is weggevallen. Dit kan leiden tot een identiteitscrisis: wie ben je zonder deze specifieke rol? Voor veel mensen is hun werk niet alleen een baan, maar ook een belangrijk onderdeel van hun identiteit.

Hoe sterker je cliënten zich identificeren met hun werkrol, hoe groter de kans dat hun zelfbeeld instort bij baanverlies en ze intense rouwreacties ontwikkelen (Papa & Lancaster, 2016). Dit is te zien in het voorbeeld van Latifa.

Latifa, 36 jaar, is werkzaam bij de politie. Zij voelt zich trots als zij haar uniform aantrekt om een onderdeel te zijn van de rechtstaat. Zij kan niet tegen onrecht en maakt zich hard om misstanden tegen te gaan. Lange diensten en bijspringen als collega's hulp nodig hebben, zijn voor haar geen probleem. Alles om haar steentje bij te dragen om de wereld veiliger te maken.

Door een reorganisatie wordt Latifa overgeplaatst naar een ander team. De nieuwe collega's werken al lang samen en hebben geen aandacht voor haar op kantoor. Ook als zij zelf actief contact zoekt, wordt dit snel afgekapt. Als zij haar nieuwe manager om hulp vraagt, wordt aangegeven dat er geen probleem is. De afstand tot haar nieuwe team wordt steeds groter. Latifa blijft zich afvragen wat zij verkeerd heeft gedaan en wat zij anders kan doen.

Zij ontwikkelt burn-outklachten door de situatie en moet zich ziekmelden. Zij heeft geen energie, huilt veel, is snel overprikkeld en heeft veel pijn in haar nek. Zij wil niets liever dan terugkeren in haar baan, maar zij kan zichzelf er niet toe zetten om een voet over de drempel van het gebouw te zetten. Als zij na twee ziektejaren wordt ontslagen, blijft zij nog steeds hopen dat zij terug kan keren. Een leven zonder de politie en uniform is ondenkbaar voor haar. Dit is wie ze is.

De klassieke kijk op rouw

Om rouwreacties na baanverlies goed te begrijpen, wil ik je eerst mee terug in de tijd nemen naar een klassiek rouwmodel – het *5-fasenmodel*. Dit model is ontwikkeld door Elisabeth Kübler-Ross, een Zwitsers-Amerikaanse psychiater. In haar boek *On Death and Dying* uit 1969 beschrijft zij vijf fasen die zij achtereenvolgens heeft waargenomen tijdens het ziekteproces van terminale patiënten: ontkenning, woede, marchanderen, depressie en acceptatie. Alhoewel haar bevindingen baanbrekend waren voor die tijd en het model nog steeds door veel mensen wordt omarmd, was het nooit Kübler-Ross' intentie om het model toe te passen op het rouwproces van nabestaanden. Toch wordt dit veelvuldig gedaan. Deze overstap is opmerkelijk aangezien het om wezenlijk verschillende groepen gaat. Zo kent het rouwproces van nabestaanden geen natuurlijk eindpunt, zoals dat er wel is voor terminale patiënten bij hun overlijden.

Veel mensen zijn geneigd om het rouwmodel van Kübler-Ross letterlijk te nemen en het normatief toe te passen: zo hoor je te rouwen en niet anders. Als iemand snel weer lacht of juist lang verdrietig blijft, dan vinden we daar iets van; dat is niet hoe rouw eruit hoort te zien. Wetenschappelijk onderzoek heeft echter geen bewijs kunnen vinden voor het bestaan van deze vijf rouwfasen (Wortman & Boerner, 2011). Tot haar overlijden in 2004 heeft Kübler-Ross herhaaldelijk benadrukt dat rouw een persoonlijk en subjectief proces is, uniek voor iedereen. Desondanks blijft de mythe van de vijf fasen hardnekkig voortbestaan.

Het 5-fasenrouwmodel is in de afgelopen vijftig jaar een eigen leven gaan leiden, waardoor de broodnodige nuance meestal ontbreekt. Dus als je dit model wilt gebruiken, neem dan de beperkingen in acht en benadruk dat rouw een uniek proces is. Leg uit dat het normaal is als iemand boos maar niet verdrietig is, dat emoties door elkaar kunnen lopen en tegelijkertijd kunnen plaatsvinden. Wijs erop dat het erbij hoort om lang na het verlies ineens weer overvallen te worden door emoties. Rouw kent geen eindpunt; het beweegt en groeit met je mee (Van Sadelhoff, 2020).

De hedendaagse kijk op rouw

Als reactie op de klassieke, statische rouwmodellen – zoals het 5-fasenmodel – ontwikkelden Maggie Stroebe en Henk Schut in 1999 het *duale procesmodel*. Zij introduceerden het idee dat rouwenden heen en weer bewegen tussen verliesgerichte en herstelgerichte coping. Deze pendelbeweging noemen zij 'oscillatie'. Bij *verliesgerichte coping* ben je gefocust op het verlies; denk aan erover te praten, je emoties te uiten en voelen wat het verlies voor jou betekent. Bij *herstelgerichte coping* ben je gericht op de toekomst, bijvoorbeeld door je leven aan te passen zonder de overledene, nieuwe sociale rollen op te pakken en nieuwe mogelijkheden te ontdekken. Beide kanten zijn nodig voor een 'normaal' rouwproces. Een treffende metafoor hierbij is de roeiboot: als je tijdens het varen slechts één roeispaan gebruikt, blijf je rondjes draaien. Gebruik je echter twee roeispanen, dan kom je vooruit. Hetzelfde geldt voor het duale procesmodel: zolang je heen en weer beweegt tussen verlies en herstel, is het een 'normaal' rouwproces. Darcy Harris (2020) heeft het duale procesmodel vertaald naar rouw bij levend verlies, zoals chronische ziekte, een scheiding en ook baanverlies.

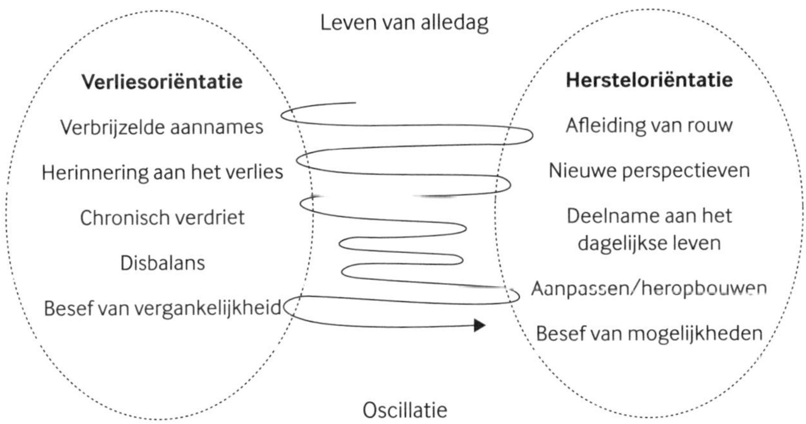

Figuur 3 Het duale procesmodel

Diederik, 43 jaar, is zijn baan op een architectenbureau verloren na een reorganisatie. Hij had dit niet zien aankomen en besteedt zijn dagen nu aan zorg voor de kinderen. Hij wil wel weer gaan solliciteren, maar elke keer als hij moet vertellen wat er is gebeurd, wordt hij emotioneel.

Zijn partner is van mening dat hij niet bij de pakken neer moet zitten en weer actief moet gaan netwerken om een nieuwe baan te bemachtigen. Diederik voelt zich daar nog niet toe in staat. Hij ziet steeds de blikken in de ogen van zijn collega's tijdens zijn afscheid. En wie kan hem garanderen dat het bij een andere baan niet weer gebeurt? Zijn partner benadrukt dat het juist goed is om zo snel mogelijk een nieuwe baan te zoeken en deze ellende achter zich te laten. Iedere keer als ze dit samen proberen te bespreken, eindigt het in ruzie. Diederik voelt zich eenzaam en niet begrepen, terwijl zijn partner niet weet wat hij nog kan doen om hem te steunen.

Het duale procesmodel in de praktijk

Ieder mens heeft een voorkeur voor verlies- of juist herstelgerichte coping. Diederik is meer verliesgericht, terwijl zijn partner meer herstelgericht is. Als je je hier niet bewust van bent, kan dat gemakkelijk tot afstand en verwijten leiden – zoals je ziet in de casus. Als je je echter bewust bent van deze verschillende voorkeuren, dan kun je hier op metaniveau over communiceren en juist van elkaar leren. Mijn voorkeur neigt meer naar herstelgerichte coping: schouders eronder en weer doorgaan. Mijn uitdaging is dan ook om bewust ruimte te maken voor verliesgerichte coping en mensen om hulp te vragen die daar goed in zijn. Bij mij ziet verliesgerichte coping er vaak uit als een pot thee, een kat op schoot, Netflix en even geen mensen om mij heen. Dan kan ik rustig ontdekken wat ik voel en wat kan helpen. Dit ziet er voor iedereen anders uit, en dat is prima.

De eerste stap om je cliënten te helpen, is het duale procesmodel uitleggen, zodat er beter inzicht ontstaat in hun eigen (rouw)reacties. De tweede stap is om je cliënten te helpen met het uitzoeken van welke activiteiten zij kunnen ondernemen om heen en weer te blijven bewegen tussen verlies- en herstelgerichte coping. Teken de twee ovalen van het duale procesmodel, schrijf boven de linkerovaal 'verlies' en boven de rechterovaal 'herstel' (zoals in figuur 3). Ga brainstormen met je cliënten over welke activiteiten bij hen passen als het gaat om verlies- of juist om herstelgerichte coping. Denk hierbij klein, zodat het haalbaar is. Bij verliesgerichte coping kun je bijvoorbeeld denken aan: je verhaal delen, afscheid nemen of een collage maken over wat het verlies betekent. Bij herstelgerichte coping kun je denken aan: sporten, nieuwe dingen ondernemen en plannen maken. Je zult hierbij merken dat diverse activiteiten aan beide kanten kunnen staan, zoals wandelen en muziek luisteren. Hierbij gaat het om de intentie waarmee de activiteit wordt uitgevoerd. Ga je wandelen om te voelen wat de impact van het verlies is of om te dromen over nieuwe mogelijkheden?

Take-aways

- Rouw is een uniek en persoonlijk proces. Vaste fasen of stappen zijn een mythe.
- Volgens het duale procesmodel is het een normaal rouwproces zolang iemand heen en weer beweegt tussen verlies- en herstelgerichte coping.
- Leg met dit model aan je cliënten uit hoe het rouwproces verloopt bij baanverlies.

Reflectievragen

1. Wat zie jij als de voor- en de nadelen van het 5-fasenrouwmodel van Kübler-Ross in jouw werk?
2. Hoe zou jij het duale procesmodel uitleggen aan je cliënten om hen te helpen hun eigen rouwproces beter te begrijpen?

3. Reflecteer op jouw persoonlijke voorkeur voor verlies- of herstelgerichte coping. Hoe beïnvloedt deze voorkeur je begeleiding van cliënten met dezelfde voorkeur, en hoe pakt dit uit bij cliënten met een andere voorkeur?
4. Welke verschillende rouwreacties heb jij gezien bij jouw cliënten en hoe ben je hiermee omgegaan?

3

Verschillen gecompliceerde rouwreacties, depressieve en angstklachten van elkaar?

In dit hoofdstuk leg ik je uit wat de kenmerken zijn van gecompliceerde rouwreacties na baanverlies, aan de hand van een cognitief gedragsmodel. Je leert meer over gecompliceerde rouwreacties, depressieve en angstklachten en het belang om hier onderscheid in te maken.

Gecompliceerde rouwreacties

In het vorige hoofdstuk heb je gelezen over het duale procesmodel en een 'normaal' rouwproces. De meeste mensen kunnen adequaat omgaan met verlies en ervaren hier relatief weinig stress van. Gelukkig maar, want verlies en rouw horen bij het leven. Helaas is er een kleine groep mensen – circa 18 procent – waarbij de pendelbeweging tussen verlies- en herstelgerichte coping stagneert, waardoor er *gecompliceerde rouwreacties* kunnen ontstaan.

Er is veel onderzoek verricht naar het rouwproces onder nabestaanden na het verlies van een betekenisvol persoon, waardoor we rouw beter zijn gaan begrijpen. Deze resultaten laten zien dat bij sommige mensen de intensiteit van de rouw niet afneemt met het verstrijken van de tijd, maar juist overgaat in aanhoudende en disfunctionele rouwreacties (Shear et al., 2011). Dit fenomeen kent vele benamingen, zoals gestolde rouw, uitgestelde rouw en traumatische rouw. In dit boek spreek ik bewust van 'gecompliceerde rouwreacties', omdat het niet mijn intentie is om een diagnose te stellen. Dit neemt niet weg dat gecompliceerde rouwreacties tot veel problemen kunnen leiden, zoals in de casus van Frans.

Frans (55 jaar) is tien jaar geleden zijn baan als opzichter verloren. Hij ziet er representatief uit, heeft een goed cv en een hoge arbeidsethos. Hij wordt dan ook regelmatig uitgenodigd voor sollicitatiegesprekken. Alhoewel hij meerdere tijdelijke banen heeft gehad, wordt hij elke keer als hem wordt gevraagd naar zijn verloren baan emotioneel. Dit gebeurt in sollicitatiegesprekken alsook op de werkvloer. Voor hem voelt dit verlies nog steeds als de dag van gisteren.

Frans deed zijn werk met veel plezier en betrokkenheid. Nadat hij een collega had ingewerkt, is deze collega gepromoveerd tot manager. Vanaf dat moment is hun relatie bekoeld en werd zijn werk onder een vergrootglas gelegd. Waar hij voorheen complimenten kreeg over zijn zorgvuldige werkwijze, werd nu commentaar geleverd dat hij effectiever moest werken. Hij werd niet meer uitgenodigd voor vergaderingen en langzaam maar zeker steeds meer uitgesloten, wat uiteindelijk resulteerde in ontslag.

Tien jaar na zijn baanverlies kan Frans nog steeds niet bevatten hoe dit heeft kunnen gebeuren. Hoe kan deze collega met wie hij jaren zo fijn heeft samengewerkt, die hij alle kneepjes van het vak had geleerd, als een blad aan de boom omslaan? Hij voelt zich verdrietig, verslagen en bitter. Hij heeft geen vertrouwen meer in zichzelf, anderen en de toekomst. De momenten waarop hij zich goed voelt, is als hij plantjes stekt in de tuin of nieuwe gerechten kan uitproberen in de keuken.

De casus van Frans is typerend voor mensen die ik in mijn praktijk ontmoet. Emoties die intenser worden met de tijd in plaats van afnemen of mensen die over het baanverlies blijven praten alsof het gisteren is gebeurd. Maar ook mensen bij wie het vertrouwen in zichzelf, anderen, de wereld en hun toekomst steeds verder afbrokkelt, kom ik vaak tegen. Het frustrerende is dat dit vaak met enkele coachingsgesprekken kan worden verholpen, waardoor mensen als Frans weer door kunnen met hun leven. Maar dat gebeurt niet, omdat de kennis hierover ontbreekt.

De eerste stap is zorgen dat je de kenmerken van gecompliceerde rouw na baanverlies helder op je netvlies hebt, zodat je ze leert herkennen en ermee aan de slag kunt bij je cliënten. Om je daarbij te helpen, heb ik samen met prof. dr. Paul Boelen en prof. dr. Toon Taris een cognitief gedragsmodel ontwikkeld voor gecompliceerde rouwreacties na baanverlies (Van Eersel et al., 2022a). Dit kun je zien in figuur 4. In deze figuur zijn de kenmerken van gecompliceerde rouwreacties uitgelicht, omdat daar de focus op ligt in dit hoofdstuk. De andere drie delen van dit model worden in de volgende hoofdstukken uitvoerig besproken.

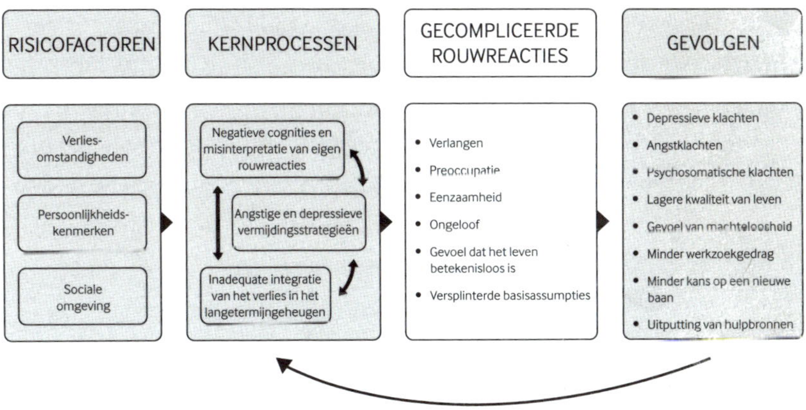

Figuur 4 Cognitief gedragsmodel – gecompliceerde rouwreacties

Gecompliceerde rouwreacties zijn herkenbaar door sterke gevoelens van verlangen naar de verloren baan en het voortdurend denken aan het verlies en de omstandigheden van het verlies (preoccupatie). Dit kan leiden tot reacties als: verdriet, boosheid, moeite om het baanverlies onder ogen te zien, identiteitsontwrichting, het gevoel dat de toekomst zinloos is en problemen om de draad van je leven weer op te pakken.

Dit zijn cliënten die in (bijna) elk gesprek emotioneel worden, zodra ze geconfronteerd worden met hun baanverlies en de gevolgen daarvan. Bijvoorbeeld, als jij aan de slag wilt gaan met solliciteren of hun sterke kanten in kaart wilt brengen, dan vertellen zij een verhaal over hun verloren baan, waarom het niet eerlijk is dat zij zijn ontslagen en worden ze boos of juist verdrietig. Ook het blijven herhalen van verhalen over hoe zij hun baan zijn verloren is een kenmerk van gecompliceerde rouw, terwijl jij als professional meters wilt maken – want de trajectduur is beperkt en je wilt je cliënt vooruithelpen.

Een ander kenmerk van gecompliceerde rouw is dat iemands basisassumpties op losse schroeven komen te staan. Met 'basisassumpties' bedoel ik dat veel mensen denken dat over het algemeen de wereld rechtvaardig is, anderen te vertrouwen zijn en dat zij een goed mens zijn. Dergelijke overtuigingen kunnen worden ontwricht door onvrijwillig baanverlies. Want als de wereld rechtvaardig is, anderen te vertrouwen zijn en ik een goed mens ben, hoe kan het dan dat ik mijn baan kwijt ben? Waar heb ik dit aan verdiend? Je kunt je voorstellen dat je jezelf volledig kunt ondermijnen als je dit soort vragen voortdurend in je hoofd blijft herhalen. De kenmerken die we zien bij gecompliceerde rouw kunnen weliswaar ook voorkomen in een normaal rouwproces, maar bij gecompliceerde rouw zijn deze reacties (veel) intenser en houden langer aan (Prigerson et al., 2009).

Gecompliceerde rouwreacties, depressieve en angstklachten

Gecompliceerde rouwreacties worden nog vaak verward met depressieve en angstklachten. Het onderscheid is echter wel belangrijk, omdat onderzoek laat zien dat algemene interventies (bijvoorbeeld gericht op depressie) veel minder effectief zijn dan specifieke rouwinterventies om de intensiteit van gecompliceerde rouwreacties te verminderen (Shear et al., 2005). Je bent dan aan het dweilen met de kraan open.

Het zal je dan ook niet verbazen dat een centrale vraag tijdens mijn promotieonderzoek was: *Verschillen gecompliceerde rouwreacties van depressieve en angstklachten na baanverlies?* Want als het allemaal één pot nat is, dan hoeven we niet zo moeilijk te doen en is het voldoende om algemene interventies in te zetten. Echter, als ze van elkaar verschillen, dan vereisen ze elk een eigen aanpak om te voorkomen dat mensen onnodig lang vastlopen.

Je hebt in de voorgaande alinea's gelezen over gecompliceerde rouwreacties bij baanverlies. Ik zal kort de kenmerken van depressie en angst met je doornemen, zodat we daarna kunnen inzoomen op de relatie tussen gecompliceerde rouwreacties, depressieve en angstklachten.

Een *depressie* wordt gekenmerkt door een sombere stemming en sterke afname van interesse of plezier in alle activiteiten, oftewel de afwezigheid van 'positief affect'. Dit kan leiden tot klachten als slapeloosheid, moeheid, gevoelens van minderwaardigheid, besluiteloosheid en suïcidale gedachtes (APA, 2022), zoals bij Nina.

Nina (32 jaar) werkte als docent op een basisschool. Na een heftig voorval werden haar oude trauma's geactiveerd. Ze sliep niet meer en kwam in een depressie terecht. In eerste instantie bleef ze werken en probeerde ze door te gaan. Haar werk was haar houvast om te voorkomen dat ze nog verder weggleed. Op aandringen van de bedrijfsarts heeft zij zich ziekgemeld en laten opnemen.

Nina gaf aan dat haar brein niet meer werkte. Ze kon niet meer nadenken of zich concentreren. Haar wereld werd steeds kleiner, ook door de coronamaatregelen die toen van kracht waren. Zij kwijnde weg en sliep niet meer. Ze was doodmoe en voelde niets meer. Ze had geen puf om iets te doen en waarom zou ze ook? Alles voelde zinloos en het zou toch niets oplossen. Ze voelde zich waardeloos.

Daarentegen wordt een *angststoornis* gekarakteriseerd door sterke gevoelens van angst en bezorgdheid bij bepaalde activiteiten of gebeurtenissen, en het is moeilijk om deze gevoelens onder controle te houden. Dit kan resulteren in klachten als rusteloosheid, vermoeidheid en prikkelbaarheid. Iemand is dan vaak hyperalert, waakzaam en heeft het gevoel dat de wereld gevaarlijk is (APA, 2022), zoals in de casus van Robin.

Robin (28 jaar) was werkzaam als filmmaker. Hij geniet ervan om precies het juiste beeld en geluid te vinden om een verhaal te vertellen. Sinds zijn puberteit heeft hij soms last van paniekaanvallen. Toen hij een paar jaar terug in loondienst kwam, merkte hij dat hij steeds angstiger werd. Bang om fouten te maken en te falen. In de laatste maanden van zijn contract breekt het angstzweet hem uit bij de gedachte dat hij een nieuw persoon moet ontmoeten of nieuwe locatie moet bezoeken. Hij probeert dit met zijn leidinggevende te bespreken, maar zij heeft weinig ervaring met psychische klachten en weet niet wat ze kan doen om hem te helpen.

Als Robin tijdens een supermarktbezoek een paniekaanval krijgt, moet zijn vriendin hem komen halen omdat het hem niet meer lukt om zichzelf te kalmeren. Hij schaamt zich. Robin is ervan overtuigd dat het weer gaat gebeuren en stelt alles in werking om dat te voorkomen. Hij vermijdt steeds meer situaties waar zijn angst geactiveerd kan worden, zoals supermarkten en drukke menigtes. De lijst van situaties die hij probeert te vermijden groeit gestaag. Hij piekert veel en is snel geïrriteerd. Dat zijn contract niet wordt verlengd, voelt als een opluchting. Nu kan hij zich eerst richten op zijn herstel, zonder geconfronteerd te worden met werkdruk, deadlines en lastige situaties.

Hopelijk helpen de casussen van Frans, Nina en Robin je om een beter beeld te krijgen van gecompliceerde rouwreacties, depressieve en angstklachten. Ik ga nu verder inzoomen op het onderscheid tussen deze drie fenomenen. Uit diverse onderzoeken na verlies van een dierbare is gebleken, dat gecompliceerde rouwreacties, depressieve en angstklachten kunnen worden onderscheiden (Djelantik et al., 2017; Lenferink et al., 2017). Ik wilde graag weten of dit bij baanverlies ook het geval was en heb daarom verschillende onderzoeken uitgevoerd.

Onderzoeksresultaten

Ik moest op mijn handen zitten om niet alle details en cijfers toe te voegen, maar de meeste mensen gaan glazig kijken zodra ik over statistiek begin. Daarom staan hier slechts zeer beknopte omschrijvingen van de onderzoeksresultaten.

In de eerste studie vulden 288 mensen, die onvrijwillig hun baan waren verloren, vragenlijsten in over gecompliceerde rouwreacties, depressieve en angstklachten (Van Eersel et al., 2019). Uit de analyse bleek dat deze reacties inderdaad drie verschillende groepen vormden. Dit klinkt misschien abstract, maar ik zat juichend op mijn stoel toen ik deze analyse had afgerond. Eindelijk bewijs dat je gecompliceerde rouwreacties na baanverlies kunt ervaren.

In de tweede studie onderzocht ik bij 525 mensen hoe emotionele stress na baanverlies eruitziet (Van Eersel et al., 2021). De analyse toonde vier verschillende groepen aan: 1) een combinatie van gecompliceerde rouwreacties, depressieve en angstklachten, 2) alleen gecompliceerde rouwreacties, 3) vooral depressieve klachten en 4) weinig klachten (veerkrachtige groep). Ook dit onderzoek bevestigt dat gecompliceerde rouwreacties, depressieve en angstklachten na onvrijwillig baanverlies van elkaar verschillen.

Deze onderzoeksresultaten heb ik voor jouw gemak vertaald in een tabel, waarin je in één oogopslag de verschillen kunt zien tussen gecompliceerde rouwreacties, depressieve en angstklachten na baanverlies. Gecompliceerde rouwreacties worden gekenmerkt door intens gemis en verlangen naar het verloren werk. Mensen piekeren veel over het ontslag en proberen vaak nog verbinding te houden met hun oude werkplek. Depressieve klachten uiten zich vooral in somberheid en verminderde interesse in activiteiten. Mensen worden vaak passief en hebben moeite met beslissingen nemen. Angstklachten draaien om gevoelens van onveiligheid en controleverlies. Dit leidt tot waakzaamheid en het vermijden van situaties die aan het baanverlies herinneren. Zie ook tabel 1.

Tabel 1 Verschillen tussen gecompliceerde rouwreacties, depressieve en angstklachten na baanverlies

	Gecompliceerde rouwreacties	Depressie	Angst
Algemeen	Scheidingspijn	Afwezigheid van positief affect en motivatie	Verbonden met (herbeleving van) gevaar, dreiging
Gevoelens	Intens gemis van en verlangen naar wat verloren is, paniek, wanhoop	Somberheid, gebrek aan positief affect	Angst, prikkelbaarheid, rusteloosheid
Gedrag	Piekeren over (de omstandigheden, oorzaken en gevolgen van) het baanverlies; pogingen om de verbinding met het werk te herstellen	Passiviteit, afname van interesse of plezier in voorheen betekenisvolle (sociale, ontspannende, educatieve) activiteiten, besluiteloosheid	Vermijding van interne en externe stimuli die (herinneringen aan) gevaar oproepen, waakzaamheid, hyperalertheid
Gedachtes	• Ik kan niet geloven dat ik ontslagen ben • Zonder mijn baan weet ik niet wie ik ben • Mijn leven heeft geen betekenis meer sinds ik mijn baan kwijt ben	• Ik ben niets meer waard • Andere mensen zijn niet te vertrouwen • De toekomst is hopeloos	• De wereld is gevaarlijk • Ik heb geen controle over mijn toekomst • Ik ben nergens echt veilig

Take-aways

- Je kunt rouwen om het verlies van je baan en vastlopen in dit rouwproces, blijkt uit de onderzoeksresultaten.
- De resultaten laten ook zien dat gecompliceerde rouwreacties verschillen van depressieve en angstklachten.
- Algemene interventies lijken minder effectief bij gecompliceerde rouwreacties dan gerichte interventies. Het is dan ook belangrijk om gecompliceerde rouwreacties na baanverlies tijdig te herkennen en adresseren.

Reflectievragen

1. Hoe herken jij tekenen van gecompliceerde rouw na baanverlies bij jouw cliënten?
2. Kun je je een situatie herinneren waarin je, achteraf bekeken, tekenen van gecompliceerde rouwreacties na baanverlies had kunnen herkennen bij een cliënt? Wat zou je nu anders doen?
3. Op welke wijze onderscheiden gecompliceerde rouwreacties, depressieve en angstklachten zich bij jouw cliënten?
4. Hoe zou je jouw aanpak aanpassen als je cliënt tekenen van gecompliceerde rouw vertoont, in tegenstelling tot depressieve of angstklachten?

4

Leer gecompliceerde rouwreacties na baanverlies herkennen

In dit hoofdstuk laat ik je zien waarom het belangrijk is om gecompliceerde rouwreacties na baanverlies te meten en hoe je dit kunt doen met de WerkVerliesLijst. Daarnaast leer je hoe je de resultaten van deze lijst kunt interpreteren. In het eerste deel van dit hoofdstuk leg ik je uit hoe de WerkVerliesLijst tot stand is gekomen. Ja, hier komt enige wetenschap en statistiek om de hoek kijken, maar ik houd het zo beknopt mogelijk. In het tweede deel laat ik zien hoe je de WerkVerliesLijst in de praktijk kunt toepassen met jouw cliënten.

Deel 1. Hoe is de WerkVerliesLijst tot stand gekomen?

Voor 2015 was er nog maar weinig onderzoek verricht naar gecompliceerde rouwreacties na baanverlies. Ik neem dit in vogelvlucht met je door, zodat je de context begrijpt van waaruit de WerkVerliesLijst is ontwikkeld en ook om deze onderzoekers de erkenning te geven die ze verdienen.

- Archer en Rhodes (1993) ontwikkelden een rouwindex op basis van interviews met zestig werklozen.
- Brewington en collega's (2004) pasten een bestaande rouwvragenlijst aan en vergeleken de scores van 66 werklozen met de rouwscores voor verlies van een dierbare.
- Papa en Maitoza (2013) pasten ook een bestaande rouwvragenlijst aan en

onderzochten bij 73 werklozen hoe rouw verschilt van depressie en angst.

- Papa en collega's (2014) vergeleken gecompliceerde rouwreacties na verlies van een dierbare ($n = 151$), baanverlies ($n = 157$) en een echtscheiding ($n = 157$).

Als pioniers hebben zij belangrijk voorwerk verricht. Het probleem met deze studies was echter dat zij gecompliceerde rouwreacties na baanverlies allemaal anders hadden geconceptualiseerd en gemeten. Daarnaast waren de gebruikte meetinstrumenten niet gevalideerd, waardoor je niet zeker weet of je meet wat je beoogt te meten. De eerste stap in mijn onderzoek was dan ook het conceptualiseren van gecompliceerde rouwreacties na baanverlies en het ontwikkelen en valideren van een vragenlijst.

Ontwikkeling van de WerkVerliesLijst

In hoofdstuk 3 zijn de kenmerken van gecompliceerde rouw na baanverlies besproken. Voor de conceptualisatie is dezelfde lijn aangehouden als bij gecompliceerde rouw na verlies van een dierbare (Prigerson et al., 2009). Hier is voor gekozen omdat er geen aanleiding of bewijs was om aan te nemen dat deze rouwreacties wezenlijk van elkaar zouden verschillen. Ja, de aanleiding is anders, maar als je ervan uitgaat dat de kern van rouw ligt in wat het verlies voor jou betekent, dan is het rouwproces voor verschillende verliezen vergelijkbaar. Hoe meer het verlies voor jou betekent, hoe intenser de rouwreacties zullen zijn.

Om gedegen onderzoek te kunnen doen naar gecompliceerde rouwreacties na baanverlies, moest ik eerst een nieuwe vragenlijst ontwikkelen – de *WerkVerliesLijst*. Hiervoor heb ik de RouwVragenLijst als basis gebruikt (Boelen et al., 2003), omdat dit een goed onderzocht en betrouwbaar meetinstrument is voor gecompliceerde rouwreacties na verlies van een betekenisvol persoon. Door een solide vragenlijst als uitgangspunt te nemen, is de kans groter dat de nieuwe vragenlijst ook betrouwbaar en valide zal zijn.

Alle items van de RouwVragenLijst zijn herschreven om ze te laten refereren aan baanverlies. Zo werd het item 'Ik kan nauwelijks geloven dat hij/zij dood is' aangepast naar 'Ik kan nauwelijks geloven dat ik geen baan meer heb'. De WerkVerliesLijst bestaat uit 33 items, zoals omschreven in tabel 2.

Tabel 2 WerkVerliesLijst

De onderstaande stellingen geven reacties weer die kunnen optreden na het verlies van je baan. Wil je bij elk van de stellingen aangeven in welke mate je deze reacties hebt ervaren in *de laatste maand*, met vandaag erbij?

	Nooit	**Zelden**	**Soms**	**Vaak**	**Altijd**
1. Dat ik geen baan meer heb, voel ik als een persoonlijke ramp of verwoestende ervaring					
2. Ik denk zoveel aan mijn baan dat het moeilijk voor me is de dingen te doen die ik normaal doe					
3. Herinneringen aan mijn baan maken me van streek					
4. Ik kan het verlies van mijn baan niet aanvaarden					
5. Ik voel een sterk verlangen naar mijn baan					
6. Ik voel me naar plaatsen en dingen toegetrokken die verband houden met mijn baan					
7. Ik kan er niets aan doen, maar ik ben boos over het verlies van mijn baan					
8. Ik kan nauwelijks geloven dat ik geen baan meer heb					
9. Ik voel mij verbijsterd of verdoofd over het verlies van mijn baan					
10. Sinds ik geen baan meer heb, vind ik het moeilijk om mensen te vertrouwen					

	Nooit	Zelden	Soms	Vaak	Altijd
11. Sinds ik geen baan meer heb, heb ik het gevoel dat ik niet meer om anderen kan geven of voel ik afstand tot de mensen om wie ik geef					
12. Ik heb pijn op verschillende plaatsen in mijn lichaam sinds ik geen baan meer heb					
13. Ik doe alles om maar niet aan mijn baan herinnerd te worden					
14. Ik vind het leven leeg en betekenisloos zonder mijn baan					
15. Ik denk voortdurend aan mijn baan					
16. Ik doe alsof ik mijn baan nog heb					
17. Ik voel mij alsof ik verdoofd ben sinds ik geen baan meer heb					
18. Ik vind het niet eerlijk dat anderen een baan hebben en ik niet					
19. Ik voel mij bitter gestemd over het verlies van mijn baan					
20. Ik ben jaloers op andere mensen die wel een baan hebben					
21. Ik heb het gevoel dat de toekomst geen betekenis of doel heeft zonder baan					
22. Ik voel me eenzaam sinds ik geen baan meer heb					

	Nooit	Zelden	Soms	Vaak	Altijd
23. Ik heb het gevoel dat mijn leven alleen maar met mijn oude baan zinvol kan zijn					
24. Ik heb het gevoel dat een deel van mij samen met het verlies van mijn baan verloren is gegaan					
25. Ik heb het gevoel dat door het verlies van mijn baan, mijn beeld van de wereld is stukgeslagen					
26. Ik ben het gevoel van veiligheid, vertrouwen of controle kwijt					
27. Ik voel me gespannen, prikkelbaar of schrikachtig sinds het verlies van mijn baan					
28. Mijn functioneren in sociaal opzicht of op andere belangrijke levensgebieden, is ten gevolge van het verlies van mijn baan ernstig verzwakt					
29. Ik slaap slecht sinds het verlies van mijn baan					
30. Ik doe alles om maar niet aan het verlies van mijn baan herinnerd te worden					
31. Om niet aan het verlies van mijn baan te hoeven denken, besteed ik meer tijd achter de pc, aan tv-kijken en/of slapen					
32. Ik denk voortdurend aan het verlies van mijn baan					
33. Herinneringen aan het verlies van mijn baan maken me van streek					

Validatie en betrouwbaarheid van de WerkVerliesLijst

De volgende stap was onderzoeken of de WerkVerliesLijst meet wat hij beoogt te meten en hoe betrouwbaar de resultaten zijn, oftewel de validiteit en de betrouwbaarheid onderzoeken. Hiervoor hebben 288 personen, die allen onvrijwillig hun baan zijn verloren, diverse vragenlijsten ingevuld over gecompliceerde rouwreacties, depressieve en angstklachten, kwaliteit van leven en copingstijlen, zoals acceptatie en ontkenning (Van Eersel et al., 2019).

De analyses lieten zien dat: 1) alle items van de WerkVerliesLijst hetzelfde concept meten, 2) de resultaten gelijk blijven als men de lijst opnieuw invult, en 3) de lijst een goed onderscheid kan maken tussen gecompliceerde rouw en andere reacties, zoals depressie of angst. Kortom, de WerkVerliesLijst is een valide en betrouwbare manier om gecompliceerde rouwreacties na baanverlies te meten.

Deel 2. Hoe kun je de WerkVerliesLijst in de praktijk gebruiken?

Naast wetenschappelijke publicaties over de WerkVerliesLijst en gecompliceerde rouwreacties na baanverlies, vind ik het belangrijk dat deze kennis zo makkelijk mogelijk in de praktijk kan worden toegepast. Om deze reden heb ik de WerkVerliesLijst in 2018 online geplaatst op *www.werkverlieslijst.nl*. Hier kan iedereen de lijst kosteloos inzetten om te meten of zij last hebben van gecompliceerde rouwreacties na baanverlies. Na het invullen wordt de uitslag direct per mail verstuurd.

Ik heb lang gepuzzeld op de bewoordingen van de uitslag, omdat ik niet weet in welke staat iemand is als de uitslag binnenkomt. En ik heb te vaak gezien dat mensen zich blindstaren op cijfers en het zichzelf daardoor onnodig moeilijk maken. Om dit te voorkomen, heb ik ervoor gekozen om geen numerieke uitslag te delen, maar de score in drie categorieën in te delen: groen, oranje en rood.

Als je de WerkVerliesLijst wilt inzetten bij jouw cliënten, wees je er dan van bewust dat dit een interventie op zich is. Bij de ontwikkeling van de lijst dacht ik vrij instrumenteel: zolang we het niet kunnen meten, kunnen we het ook niet onderzoeken, dus er moet een gedegen meetinstrument komen. Ik was mij er toen niet van bewust dat vragen om iemand de lijst in te laten vullen en het invullen op zich al invloed kan hebben. Vrij naïef, ik weet het. Dus voorkom mijn fout en realiseer je dat het inzetten van de WerkVerliesLijst een interventie is.

Stap 1: Zelf ervaren

Het is goed om eerst de WerkVerliesLijst een keer zelf in te vullen ter lering en vermaak, zodat je aan den lijve ondervindt hoe dat is en wat je aan je cliënten vraagt. Je kunt dan ook makkelijker hun vragen beantwoorden en anticiperen op hun behoeften. Zoals je ziet in tabel 2 bestaat de WerkVerliesLijst uit 33 items die allemaal een ander aspect van gecompliceerde rouw beschrijven. Denk aan: 'Ik kan nauwelijks geloven dat ik geen baan meer heb' en 'Ik kan er niets aan doen, maar ik ben boos over het verlies van mijn baan'. Deze items worden gescoord op een 5-punts likertschaal van *nooit* tot *altijd*. Je kijkt terug op de afgelopen vier weken en geeft aan hoe vaak je deze reacties hebt ervaren. Uiteraard hoop je dat er zo vaak mogelijk 'nooit' wordt geantwoord en dat er geen sprake is van gecompliceerde rouwreacties.

Stap 2: Voorbespreking

Het helpt als je vooraf nadenkt hoe jij het invullen van de WerkVerliesLijst met jouw cliënten bespreekbaar wilt maken. Hiervoor is het handig als je eerst een korte uitleg geeft over rouwen om baanverlies. Sommige professionals mijden hierbij het woord 'rouw' angstvallig, omdat ze dat te sterk vinden uitgedrukt. Ik ben daar een groot tegenstander van, omdat ik juist het taboe rondom rouwen om baanverlies wil doorbreken. Door het niet te benoemen, versterk je het stigma. Het is dan ook cruciaal om het beestje bij de naam te noemen. Je wilt geen situatie creëren zoals in de *Harry Potter*-boeken met 'Hij die niet genoemd mag worden', oftewel heer Voldemort. Dit kun je bijvoorbeeld zo doen:

> 'Als ik jou zo hoor, is je werk een belangrijk deel van wie je bent. Je bent bevlogen en hebt veel tijd en energie geïnvesteerd in je baan. Het is dan ook niet gek dat je baanverlies een grote impact heeft. Wist je dat je niet alleen kunt rouwen om het verlies van een persoon, maar ook om andere zaken die belangrijk voor je zijn, zoals je baan?'

Hierna geef je de ruimte aan je cliënt om te reageren en kun je het samen verder bespreken. Dit is een manier om rouwen om baanverlies bespreekbaar te maken, maar gebruik vooral je eigen woorden en sluit aan bij de taal van je cliënt. Vanuit dit punt is het doorgaans makkelijk en natuurlijk om voor te stellen dat je cliënt de WerkVerliesLijst invult. Bijvoorbeeld:

> 'Ik stel voor dat je de WerkVerliesLijst invult, zodat we kunnen kijken of jij last hebt van gecompliceerde rouwreacties door het verlies van je baan. In de lijst wordt alleen gevraagd naar gecompliceerde rouwreacties en niet naar eventuele positieve gevoelens, zoals opluchting. Hierdoor kan het invullen soms confronterend zijn. Als het lastig voor je is, laat het weten, dan kunnen we het samen doen. Invullen duurt vijf tot tien minuten. Het is fijn als je ook mijn naam en mailadres invult, zodat ik een kopie van de uitslag ontvang.'

Uiteraard vertel je ook dit in je eigen woorden en sluit je aan bij de beleving van je cliënt. De meeste mensen voelen erkenning en herkenning voor de gevoelens die zij ervaren, omdat ze van jou de mogelijkheid krijgen om de WerkVerliesLijst in te vullen. Sommige mensen vinden de items zo confronterend dat ze er niet aan durven te beginnen. Deze reacties geven je waardevolle aanknopingspunten in je re-integratietraject, ook als iemand de lijst niet wil invullen. Vraag door: Wat maakt dat ze het niet willen doen? Gelooft je cliënt dat er nog een wonder kan gebeuren, waardoor terugkeer in de baan alsnog mogelijk is? Of denkt je cliënt dat invullen zinloos is, omdat er geen sprake is van rouw?

Stap 3: Nabespreking

Bij de nabespreking van de WerkVerliesLijst zul je verschillende reacties bemerken bij je cliënten. Een grote groep vindt het fijn als duidelijk wordt dat er sprake is van gecompliceerde rouwreacties: 'Ik word dus niet gek, dit is rouw.' Of als blijkt dat ze geen of nauwelijks last hebben van rouwreacties, ervaren ze vaak opluchting: 'Gelukkig, hier hoef ik dus niets mee.'

De uitslag van de WerkVerliesLijst is in drie categorieën onder te verdelen: *groen* (een zeer lage of lage score), *oranje* (een gemiddelde score) en *rood* (een hoge of zeer hoge score).

Bij een 'groene' uitslag heeft je cliënt nauwelijks tot geen last van gecompliceerde rouwreacties na baanverlies, en dat is goed nieuws. Dit kan echter veranderen als je cliënt door iets of iemand opnieuw wordt geconfronteerd met het baanverlies en de gevolgen daarvan. Als je na verloop van tijd toch rouwreacties waarneemt bij je cliënt, kun je voorstellen om de lijst nogmaals in te vullen om dit te checken en bespreekbaar te maken.

Bij een 'oranje' uitslag heeft je cliënt last van gecompliceerde rouwreacties na baanverlies. Het is aan te raden om deze rouwreacties aan te pakken met gerichte interventies. Dit is een fijne groep om mee te werken, want je kunt met relatief simpele interventies veel bereiken in korte tijd. In hoofdstuk 9 vertel ik je hier meer over, maar de casus van Reina geeft je alvast een idee.

Reina (41 jaar) heeft jaren gewerkt als verzorgende in een verzorgingstehuis. Twee jaar geleden is zij uitgevallen door gezondheidsklachten, waardoor zij haar baan is verloren. Tijdens ons eerste gesprek is Reina voornamelijk aan het huilen. Bij doorvragen blijkt dat haar grootste pijn ligt in het missen van de bewoners en vooral één oudere mevrouw met wie zij een nauwe band had. Deze mevrouw voelde als een tweede moeder voor haar. Vervolgens bespraken we enkele praktische zaken, zoals of ze kon nagaan of deze mevrouw nog leefde en of het formeel was toegestaan om contact op te nemen. Dit bleek zo te zijn en we spraken af dat Reina haar zou gaan bellen.

Drie weken later zag ik Reina weer en het was alsof ik een ander mens sprak. In plaats van dikke tranen, zat ze met een lach op haar gezicht. Het was gelukt om de mevrouw te bereiken. Sterker nog, de mevrouw had haar ook gemist. Daarom is het niet alleen bij bellen gebleven, maar hebben ze ook samen koffiegedronken. Het voelde zo fijn om elkaar weer te zien, waardoor Reina zich nu weer hoopvol voelt. Ze is nog wel verdrietig om het verlies van haar baan, maar de scherpte is er vanaf waardoor ze het nu kan dragen.

Bij een 'rode' uitslag heeft je cliënt veel last van gecompliceerde rouwreacties na baanverlies. Het is dan aan te raden om professionele hulp in te schakelen, bij voorkeur iemand met kennis van en ervaring met re-integratie, rouw, verlies en cognitieve gedragstherapie.

Als je *niet* getraind bent in deze problematiek en je gaat aan de slag met iemand die 'rood' scoort, is de kans groot dat je het erger maakt. De inzet van interventies die niet aansluiten, kan negatieve overtuigingen en gevoelens versterken, zoals: Zie je wel, dit werkt ook niet en: Wat ik voel en denk is niet normaal, niemand kan mij helpen. Kortom, als dit niet jouw vakgebied is, schakel dan professionele hulp in, bijvoorbeeld met de transitietraining.* Zorg ervoor dat je een professional inschakelt die bekend is met deze problematiek en die jouw cliënt kan helpen, zodat jij weer verder kunt met je re-integratietraject. Een voorbeeld van een 'rode' score lees je in de casus van Esther.

Esther (47 jaar) stond als directieassistentie 24 uur per dag en 7 dagen in de week klaar om haar directeur te ondersteunen. Zij maakte deze opoffering graag, omdat zij genoot van haar werk. Van de ene op de andere dag had zij geen toegang meer tot de mail van haar directeur en werd ze opgeroepen voor een gesprek bij HR en ontslagen. Zij heeft geprobeerd om dit besluit aan te vechten in de rechtbank, maar zonder succes.

* Speciaal voor cliënten die 'oranje' of 'rood' scoren, heb ik de transitietraining ontwikkeld. Kijk op mijn site voor meer informatie.

Dertien maanden later kan Esther nog steeds niet bevatten dat ze is ontslagen. Ja, ze had dit wel vaker zien gebeuren bij andere collega's, maar nooit had ze verwacht zelf in deze situatie terecht te komen. Zij blijft alle scenario's in haar hoofd afspelen en zich afvragen wat ze anders had kunnen doen. Esther voelt zich boos en bitter over het onrecht dat haar is aangedaan. Ze wil de draad van haar leven weer oppakken en op zoek gaan naar nieuw werk, maar haar vertrouwen in zichzelf, anderen en haar toekomst is verdwenen. Van de optimistische persoon die ze voorheen was, is weinig meer over.

In de casus van Esther lees je dat zij veel last heeft van gecompliceerde rouwreacties door haar baanverlies, wat een grote invloed heeft op haar dagelijks leven. Hier is meer nodig dan een relatief simpele interventie, zoals bij Reina. Je moet precies ontrafelen waar de angel zit, zodat ze haar baanverlies en alle gevolgen daarvan onder ogen kan zien. Vervolgens werk je aan haar emotie-affectregulatie om haar boosheid te verminderen en ten slotte onderzoek je samen hoe een waardevol leven voor haar eruitziet, om haar weer houvast en richting te geven. Je moet hier precies weten wat je doet en waarom. Dit is waarom je voor cliënten met een 'rode' uitslag professionele hulp inschakelt, terwijl je voor cliënten met een 'oranje' score ook zelf interventies kunt inzetten ter ondersteuning.

Rouw binnen Spoor 2

Bij langdurig verzuim moeten de werknemer en de werkgever op zoek naar passend werk binnen (Spoor 1) en buiten (Spoor 2) de eigen organisatie. In een Spoor 2 traject wordt een cliënt geconfronteerd met dreigend baanverlies en gezondheidsverlies. Voor veel cliënten is dit een pittig traject, dat gepaard gaat met gevoelens van rouw. Hiernaar is nog weinig onderzoek verricht, daarom heb ik als eerste stap twee vragenlijsten ontwikkeld en gevalideerd om deze rouwreacties meetbaar te maken. De Vragenlijst Dreigend Verlies van Werk meet rouwreacties bij dreigend baanverlies (Van Eersel et al., 2024) en de Vragenlijst Verlies

Van Gezondheid meet rouwreacties bij gezondheidsproblemen (Van Eersel et al., 2025).

Ook deze vragenlijsten kun je kosteloos inzetten op *www.werkverlieslijst.nl* als screeningsinstrument. Dezelfde stappen als voor de WerkVerliesLijst zijn van toepassing: zelf ervaren, voorbespreking en nabespreking. En ook hier geldt: als je cliënt de vragenlijsten niet wil invullen, dan geeft dat waardevolle informatie om op door te vragen. Vaak is je cliënt er dan van overtuigd dat terugkeer in de eigen of een andere functie bij de huidige werkgever nog mogelijk is. Dit zijn zaken die je graag met je cliënt wilt bespreken en waarvan je de haalbaarheid wilt toetsen bij de bedrijfsarts, de arbeidsdeskundige en/of de werkgever.

Take-aways

- De WerkVerliesLijst is een betrouwbaar instrument om gecompliceerde rouwreacties na baanverlies te meten.
- Het invullen van de WerkVerliesLijst is een interventie op zich, die je kan helpen in het re-integratietraject.
- De scores geven je richting voor de vervolgaanpak:
  - Groen: geen tot nauwelijks gecompliceerde rouwreacties.
  - Oranje: wel gecompliceerde rouwreacties, maar deze zijn goed te behandelen met relatief simpele interventies.
  - Rood: forse gecompliceerde rouwreacties, waarbij professionele hulp nodig is.
- Voor het meten van rouw binnen Spoor 2 staan twee vragenlijsten op de site van de WerkVerliesLijst.

Reflectievragen

1. Hoe kun jij de WerkVerliesLijst inzetten binnen jouw re-integratietrajecten?
2. Wat vertel jij aan je cliënten over de WerkVerliesLijst voordat ze deze invullen?

3. Welke stappen neem je als een cliënt aangeeft moeite te hebben met het invullen van de WerkVerliesLijst vanwege de emotionele belasting?
4. Hoe kun je de uitslag van de WerkVerliesLijst inzetten om jouw cliënt te ondersteunen?
5. Hoe kan de uitslag van de WerkVerliesLijst jouw rapportages versterken?

De WerkVerliesLijst kun je vinden op: www.werkverlieslijst.nl.

DEEL II

Waarom lopen mensen vast na baanverlies en wat zijn de gevolgen?

Wellicht zijn alle draken in ons leven
Uiteindelijk prinsessen
Die er in angst en beven slechts naar haken
Ons eenmaal dapper en schoon te zien ontwaken.
Wellicht is alles wat er aan verschrikking leeft
In diepste wezen wel niets anders dan iets
Wat onze liefde nodig heeft.

Rainer Maria Rilke

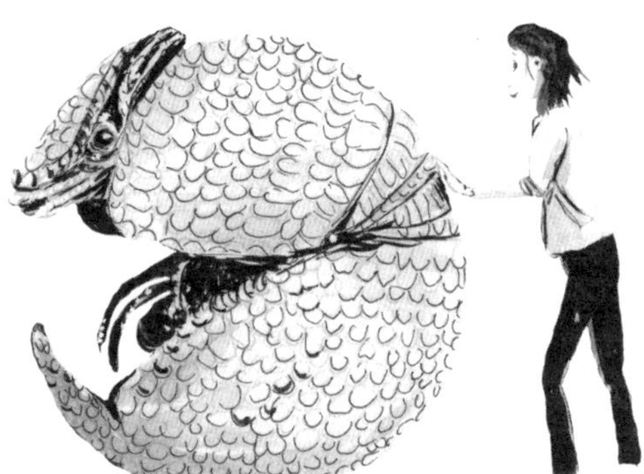

5

Wie loopt vast?

In dit hoofdstuk laat ik je zien welke risicofactoren de kans vergroten dat je cliënten gecompliceerde rouwreacties na baanverlies ontwikkelen. Na het lezen weet jij bij welke cliënten je extra alert moet zijn en hoe je deze risicofactoren kunt herkennen.

Het is belangrijk om je te realiseren dat de meeste mensen weinig emotionele stress ervaren na onvrijwillig baanverlies en dat slechts een kleine groep vastloopt in het rouwproces (Van Eersel et al., 2021). Dit komt door bepaalde risicofactoren die aanwezig kunnen zijn bij je cliënten. Deze risicofactoren kun je onderverdelen in drie categorieën: verliesomstandigheden, persoonlijkheidskenmerken en sociale omgeving – zoals je kunt zien in figuur 5. Ik bespreek per categorie een voorbeeld, zodat je er een goed beeld van krijgt. Deze lijst is niet uitputtend. Dus ja, je cliënten kunnen ook nog vastlopen door andere zaken die ik hier niet bespreek, zoals hun culturele achtergrond of levensbeschouwing.

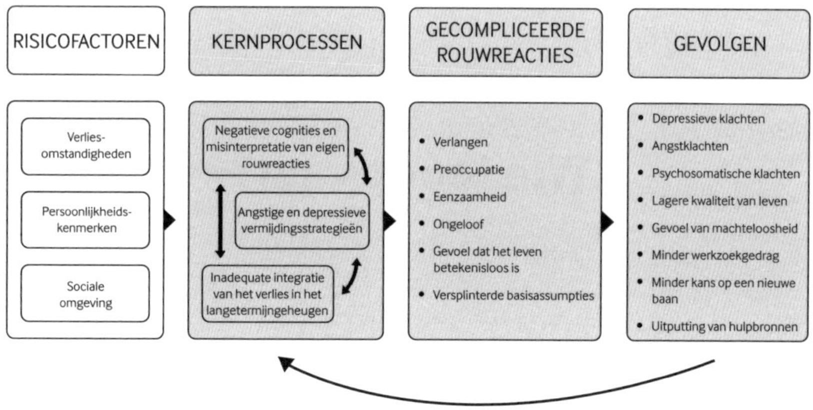

Figuur 5 Cognitief gedragsmodel – risicofactoren

Sociaal-demografische en werkkenmerken

Voor we in de categorieën van de risicofactoren duiken, wil ik eerst een onverwacht onderzoeksresultaat met je delen. In mijn onderzoeken komt keer op keer naar voren dat er *geen* (significant) verband bestaat tussen de intensiteit van gecompliceerde rouwreacties na baanverlies enerzijds en sociaal-demografische en werkkenmerken anderzijds (Van Eersel et al., 2019; 2020a; 2021). Hiermee bedoel ik: leeftijd, gender, opleidingsniveau, reden van ontslag, duur van het dienstverband en de verstreken tijd sinds het baanverlies. Verrassend toch? Tenminste, ik had dit vooraf niet verwacht. Maar dit is ook goed nieuws, want dit soort kenmerken zijn wat ze zijn, die kun je niet veranderen. Althans meestal niet. Dit roept ook direct de vraag op: als dit soort achtergrondkenmerken er niet voor zorgen dat mensen vastlopen in gecompliceerde rouwreacties na baanverlies, wat dan wel? Dat ga ik met je doornemen aan de hand van drie risicocategorieën: verliesomstandigheden, persoonlijkheidskenmerken en sociale omgeving.

Verliesomstandigheden

Er zijn verschillende omstandigheden die het baanverlies moeilijker te verkroppen kunnen maken voor je cliënten. Denk aan wanneer je cliënt verwikkeld is in een *arbeidsconflict* of *rechtszaak*, dan kunnen emoties als boosheid en bitterheid hoogtij vieren. Er ontstaan dan gemakkelijk allerlei negatieve cognities – dat zijn gedachtes en overtuigingen die voortkomen uit hoe we informatie verwerken. In het geval van baanverlies kun je denken aan: mensen zijn niet te vertrouwen, en: de wereld is onrechtvaardig. Onder deze omstandigheden dienen deze emoties en negatieve cognities een doel, namelijk opkomen voor je recht. Deze strijd is beter vol te houden als je boos bent en overtuigd bent van je eigen gelijk. Nuance en onderzoeken wat het eigen aandeel is van je cliënten in dit proces, is dan ook vaak lastig. Je hebt zo ongeveer een breekijzer nodig om hier doorheen te komen.

Een arbeidsconflict of rechtszaak vormt de ideale voedingsbodem om gecompliceerde rouwreacties na baanverlies te ontwikkelen. De omstandigheden van het baanverlies zijn zo sterk in strijd met de basisassumpties van jouw cliënten, dat de enige manier voor ze om hier mee te dealen is: het gevecht aangaan om te bewijzen dat hun mens- en wereldbeeld wel klopt en dat de werkgever fout zit. Als ik dit soort cliënten spreek, stel ik ze vaak de vraag: 'Weegt de mogelijke winst van je strijd nog op tegen de kosten?' Daarmee doel ik op de emotionele prijs die ze betalen door in de vechtmodus te blijven, waarin hun negatieve cognities over zichzelf, anderen en de wereld worden versterkt. Let wel, je kunt dit pas bespreekbaar maken als je eerst een vertrouwensrelatie met je cliënt hebt opgebouwd – en dan nog is het de toon die de muziek maakt. Als je hier een oordeel in laat doorschemeren, hangt je cliënt in de gordijnen. Stel deze vraag alleen vanuit oprechte betrokkenheid en bezorgdheid, zodat je cliënt de ruimte voelt om deze vraag oprecht samen te onderzoeken.

Een andere verliesomstandigheid die een risicofactor vormt, is als het baanverlies voor je cliënten *onverwacht* kwam en als zij niet op een *passende manier afscheid* hebben kunnen nemen (Van Eersel et al., 2020a). Hierbij gaat het om hun beleving en niet om de feiten. Er zijn ook cliënten bij wie hun naderende ontslag meermaals is besproken door de werkgever, die maar blijven vasthouden aan de hoop dat ze het tij nog kunnen keren. Doordat je cliënten hun ontslag niet zagen aankomen, is de kans groot dat zij minder controle over hun leven ervaren en niet weten wat ze kunnen doen om dit in de toekomst te voorkomen. Dit maakt het lastig voor ze om de onomkeerbaarheid van hun baanverlies te aanvaarden.

Als je cliënten daarentegen de gelegenheid krijgen om passend afscheid te nemen, krijgen ze voor hun gevoel weer een stukje controle terug, waardoor zij minder kans lopen op het ontwikkelen van gecompliceerde rouwreacties. Hoe passend afscheid nemen eruitziet, verschilt van persoon tot persoon. Dit kan zijn met een grote receptie, maar ook vertrek met stille trom. Het gaat erom wat voor jouw cliënten passend voelt.

Nog een risicofactor is als een werkgever erop staat dat je cliënten een *geheimhoudingsverklaring* moeten ondertekenen om hun arbeidsovereenkomst te beëindigen. Hierdoor mogen je cliënten met niemand praten over de gebeurtenissen voorafgaand aan hun baanverlies, waardoor ze niet bij anderen kunnen toetsen of hun reacties normaal zijn. Als gevolg hiervan kunnen je cliënten negatieve overtuigingen die zij hierdoor ontwikkelen niet bespreken met hun vrienden en familie, waardoor deze overtuigingen ook niet gecorrigeerd of genormaliseerd kunnen worden. Als je nare gedachtes hebt over je eigen handelen, is het zo fijn als iemand zegt: 'Dat is normaal, dat heb ik weleens gedaan of gedacht.' Dat haalt de scherpe kantjes ervan af, maar door de geheimhoudingsverklaring gebeurt dit niet en gaan je cliënten nachten liggen piekeren over wat er gebeurd is en wat zij anders hadden kunnen doen.

Tot slot, kun je je de Conservation of Resources (COR)-theorie nog herinneren uit hoofdstuk 1? Een korte opfrisser: volgens de COR ervaren je cliënten psychologische stress wanneer belangrijke hulpbronnen worden bedreigd of verloren gaan, of wanneer investeringen niet de verwachte opbrengsten opleveren. Daarnaast, hoe *minder hulpbronnen* je cliënten tot hun beschikking hebben (zoals geld, tijd, sociale steun of zelfvertrouwen), hoe groter de impact is van het verlies van hulpbronnen – zoals het verlies van hun baan.

Onderzoek laat zien dat hoe meer financiële stress je cliënten ervaren, hoe meer vermijdingsgedrag ze laten zien. Daarentegen leiden hogere uitkeringen, oftewel meer hulpbronnen, tot minder financiële stress en beter mentaal welzijn (Wanberg et al., 2020). Het is dan ook aannemelijk dat een hogere uitkering of een betere financiële buffer je cliënten helpt om minder frequent angstige of depressieve vermijdingsstrategieën in te zetten, waardoor ze minder last hebben van gecompliceerde rouwreacties. Ditzelfde geldt voor het hebben van een groot of klein sociaal netwerk waar zij op kunnen terugvallen en of zij veel of weinig vertrouwen hebben in hun eigen kunnen en hun kansen op de arbeidsmarkt. Hoe groter hun sociale netwerk, hoe sterker hun zelfvertrouwen en hoe hoger ze hun kansen op de arbeidsmarkt inschatten, hoe minder vermijdingsgedrag ze laten zien en hoe minder last ze hebben van gecompliceerde rouwreacties. En andersom geldt hetzelfde. Hoe kleiner hun sociale netwerk, hoe lager hun zelfvertrouwen en hoe slechter zij hun kansen op de arbeidsmarkt inschatten, hoe groter de kans is op frequent vermijdingsgedrag en gecompliceerde rouwreacties na baanverlies.

Vaak zie je een samenspel van deze risicofactoren, waardoor het baanverlies lastig te verkroppen is en een grote impact heeft op iemands welzijn. Dit wordt geïllustreerd in de casus van Eva.

Eva (37 jaar) had een heftige ervaring achter de rug bij haar vorige werkgever. Zij en veel collega's met haar waren ziek uitgevallen op het werk en ze had het ervaren als een onveilige werkomgeving. Dit was zelfs bekend bij haar nieuwe werkgever, die juist daarom goed beleid, back-up vanuit het bestuur en een fijne, menselijke werkplek beloofde. Er was wederzijds vertrouwen in de samenwerking en de eerste twee maanden verliepen fantastisch. Eva voelde zich als een vis in het water en ze werd ingewerkt door grote namen in het veld, die haar alle kneepjes van het vak leerden. Ze boekte wat mooie successen en kreeg waardering en complimenten.

Buiten Eva om is er een nieuwe leidinggevende aangenomen. Hij had nog geen kennis van het veld en had nog weinig ervaring met het aansturen van een team. Vol vertrouwen heeft Eva hem geïntroduceerd binnen haar netwerk, vanuit het vertrouwen dat zij samen met hem als MT deze kar zou gaan trekken. Zij vanuit de inhoudelijke kant en hij vanuit de financiën.

Binnen enkele weken kwam zijn eerste woede-uitbarsting en probeerde hij Eva buitenspel te zetten. Ze heeft alles op alles gezet om het tij te keren: gesprekken met een onafhankelijke derde gevraagd, het bestuur om hulp gevraagd, de vertrouwenspersoon ingeschakeld. Het mocht niet baten. Ze had intussen een flink dossier opgebouwd en na het zoveelste incident kon ze niet anders dan melding maken van ongewenst gedrag en pesten, waarbij ze het bestuur verzocht om een onafhankelijk feitenonderzoek vanwege de complexe dynamiek.

In plaats daarvan kreeg Eva totaal onverwacht te horen dat ze niet meer hoefde te komen. Een reden werd niet gegeven. Ze probeerde van alles om de zaak op te lossen, maar het bleef doodstil. Een open gesprek bleek niet mogelijk en ontslag volgde.

Hoe een droom in een nachtmerrie veranderde. Het vertrouwen in zichzelf, de culturele sector, de wereld en in anderen is door deze herhaling van de geschiedenis gebroken. Eva is haar gevoel voor richting kwijt en worstelt met gevoelens van boosheid, verraad, onrecht, onmacht en verdriet. De film over het verloop en haar ontslag blijft ze telkens afspelen in haar hoofd, op zoek naar wat ze wellicht anders had kunnen doen. Ze herkent zichzelf niet meer.

Persoonlijkheidskenmerken

Sommige persoonlijkheidskenmerken kunnen helpend of juist belemmerend zijn als je wordt geconfronteerd met onvrijwillig baanverlies. Hierdoor zie je bij sommige mensen het verlies bijna van hen afglijden alsof ze een teflon beschermlaagje hebben, terwijl andere mensen helemaal ondersteboven raken door het verlies van hun baan.

Een van de persoonlijkheidskenmerken die omgaan met baanverlies lastiger maakt, is *werkcentraliteit*. Dit verwijst naar hoe centraal werk in het leven van jouw cliënten staat, oftewel hoe belangrijk werk voor hen is. Hoe hoger de werkcentraliteit van jouw cliënten is, hoe sterker zij zich identificeren met hun baan en hoe meer zij te verliezen hebben bij onvrijwillig baanverlies (Papa & Lancaster, 2016). Het weer opbouwen van je identiteit, uitvogelen wie je bent en wie je wilt zijn, is een stuk lastiger voor deze groep. Een hoge mate van werkcentraliteit maakt het moeilijk voor je cliënten om de realiteit van hun baanverlies onder ogen te zien, omdat dit zou betekenen dat ze een groot deel van zichzelf verliezen.

Een hoge mate van werkcentraliteit zie je vaker in individualistische landen, zoals Nederland, Zweden en de Verenigde Staten. Zeker in Nederland is doorgaans de eerste vraag die wordt gesteld tijdens een kennismaking: 'Wat doe jij voor werk?' Terwijl in meer collectivistische landen, zoals Ecuador, Indonesië en China, de eerste vraag eerder zal zijn: 'Waar komt jouw familie vandaan?' De nadruk ligt hier veel minder op individualistische prestaties, zoals werk, maar juist meer op sociale verbindingen. Het is dan ook aannemelijk dat de werkcentraliteit bij cliënten met een collectivistische culturele achtergrond lager is dan bij cliënten met een individualistische culturele achtergrond (Hofstede, 2011).

Een tweede persoonlijkheidskenmerk waardoor baanverlies eerder kan leiden tot rouwreacties, is *neuroticisme*. Iemand met een sterke mate van neuroticisme heeft de neiging om de wereld en zichzelf negatief te bekijken en om intense negatieve emoties te ervaren bij stress (Barlow et al., 2013). Dit is het type mens dat snel beren op de weg ziet, in doemscenario's denkt en snel in paniek raakt. Kort door de bocht kun je neurotische mensen ook wel 'stresskippen' noemen.

Een hoge mate van neuroticisme maakt jouw cliënten vatbaarder voor het ontwikkelen van negatieve cognities door hun baanverlies. Het is dan ook aannemelijk dat hoe neurotischer jouw cliënten zijn, hoe groter de kans is dat ze gecompliceerde rouwreacties na baanverlies ontwikkelen.

Tot slot is een beperkte mate van *psychologische flexibiliteit* een risicofactor. Hiermee doel ik op iemands vermogen om moeilijke situaties aan te gaan, te accepteren en zich aan te passen (Hayes et al., 2012). Hoe minder psychologisch flexibel jouw cliënten zijn, hoe meer geneigd ze zijn om bepaalde ervaringen uit de weg te gaan en hoe meer vermijdingsgedrag ze laten zien. Hoe sterker de psychologische flexibiliteit is van jouw cliënten, hoe makkelijker zij kunnen omgaan met verlies en verandering. Als je hier meer over wilt weten, dan raad ik je aan om je te verdiepen in Acceptance en Commitment Therapie (ACT; Jansen, 2023). ACT helpt mensen om niet te vechten tegen moeilijke gedachtes en gevoelens, maar deze te accepteren en toch te blijven werken aan een betekenisvol leven. Psychologische flexibiliteit is hier een onderdeel van.

Een gebrek aan psychologische flexibiliteit zie je ook terug bij mensen die zich opgesloten voelen in hun baan. Ze zijn ontevreden in hun huidige baan, maar zien geen uitweg. Dit kan komen doordat ze geloven dat hun kennis en ervaring niet bruikbaar zijn buiten hun huidige functie, of omdat ze simpelweg niet weten wat ze anders zouden willen of kunnen doen. Dit gebrek aan zowel psychologische flexibiliteit als toekomstperspectief houdt hen gevangen in een situatie van stilstand, soms zelfs jarenlang, zonder dat ze de mogelijkheid zien om zich aan te passen of te veranderen. Mensen die extra veel risico lopen zijn veelal introvert, staan niet open voor verandering en zijn emotioneel onstabiel (Feenstra-Verschure, 2022). Wanneer zij hun baan verliezen, lijken zij meer kans te lopen om verstrikt te raken in het rouwproces, omdat zij geen andere opties zien en moeite hebben om richting te geven aan hun leven.

Beperkte psychologische flexibiliteit, weinig toekomstperspectief en een sterke mate van neuroticisme gaan vaak hand in hand, wat het omgaan met verlies en verandering bemoeilijkt. Deze combinatie vergroot de kans dat je cliënten vastlopen in het rouwproces na baanverlies, zoals duidelijk wordt in de casus van Amar.

Amar (49 jaar) werkt al meer dan twintig jaar als financieel analist bij hetzelfde bedrijf. Hij houdt van de ordelijkheid van cijfers en vindt het fijn om alles tot in de puntjes voor te bereiden. Hij verricht zijn werk met veel plezier en hij kan zich niet voorstellen om iets anders te doen. Dit is zijn domein, waar hij precies weet wat hij kan verwachten. Zijn identiteit en eigenwaarde zijn sterk verbonden met zijn werk.

Amar is iemand die verandering liever uit de weg gaat. Wanneer er onverwachte situaties ontstaan, zoals veranderingen op het werk, begint hij snel te piekeren over alles wat er mogelijk fout kan gaan. Hij raakt snel gestrest en ziet overal problemen.

Toen het bedrijf aangaf dat er een reorganisatie kwam, raakte Amar in paniek. Hij had het gevoel dat hij zijn grip op de situatie verloor en hij besloot zich ziek te melden. Het lukte hem niet om nog een voet over de drempel te zetten en geconfronteerd te worden met alle veranderingen die in gang waren gezet. Hij kon niet omgaan met de onzekerheid en stress.
Tijdens zijn ziekteverlof nam zijn angst alleen maar toe en piekerde Amar constant over wat de toekomst zou brengen. Hij was doodsbenauwd om zijn baan te verliezen, ook omdat hij niet geloofde dat iemand anders hem zou aannemen. Het doemdenken nam steeds meer de overhand en hij raakte steeds meer overtuigd dat hij geen waarde had buiten zijn huidige functie.

Enkele weken na zijn terugkomst werd Amar opgeroepen voor een gesprek met HR. Zijn grootste angst werd werkelijkheid: de volledige financiële afdeling werd geoutsourcet en hij werd ontslagen. Nu stond hij voor de moeilijke taak om te herontdekken wie hij was, zonder zijn baan. Hij voelt zich stuurloos, angstig, onzeker en weet niet hoe hij zonder zijn werk verder moet. Amar zou het liefste de tijd terugdraaien, zodat alles weer wordt zoals het was.

Sociale omgeving

Naast de verliesomstandigheden en persoonlijkheidskenmerken, kunnen ook reacties uit de sociale omgeving de impact van het baanverlies vergroten of verkleinen. Als de impact van het baanverlies *niet wordt erkend of gesteund* door de sociale omgeving van je cliënten, kan dit gevoelens van schaamte en schuld versterken (Doka, 2016). Denk hierbij aan reacties als: 'Het is maar werk, je hebt zo weer iets anders gevonden.' In hoofdstuk 1 heb ik je al iets verteld over leedconcurrentie. Hierbij wordt leed op de weegschaal gelegd om te bepalen welk leed erg, erger en het ergst is: 'Je baan verliezen is niet erg, nee geen huis meer hebben dat is pas erg.' 'Je huis kwijt zijn is niet erg, nee je ouder verliezen dat is pas erg.' Je begrijpt het idee. Als het leed van je cliënten niet erkend wordt door hun omgeving, dan gaan ze steeds meer dingen die ze denken en voelen voor zich houden, want 'ze' begrijpen het toch niet. Doordat je cliënten deze gevoelens niet kunnen delen met hun omgeving, ontstaan er steeds meer negatieve cognities en vermijdingsgedrag.

Na baanverlies verandert vaak de positie van je cliënten binnen hun werkkring, maar ook binnen hun andere sociale groepen. Het kan ervoor zorgen dat je cliënten zich buitengesloten voelen, alsof ze uit hun 'tribe' zijn gezet. Deze verandering in sociale dynamiek kan soms leiden tot negatieve reacties uit hun omgeving, omdat je cliënten door het verlies van hun status en rol niet meer kunnen bijdragen op de manier waarop ze dat gewend waren (Kramer, 2024).

Rondom baanverlies hangt nog steeds een zweem van *sociaal stigma* en gevoelens van schuld, waardoor je cliënten meer depressief vermijdingsgedrag gaan vertonen. Ze trekken zich meer en meer terug uit sociale activiteiten, omdat ze zich schamen en bang zijn voor lastige vragen. Ze durven overdag niet naar de winkel te gaan, want wat zullen de mensen die ze tegenkomen wel niet denken? Een begripvolle sociale omgeving speelt dan ook een cruciale rol om je cliënten aan te moedigen om erop uit te gaan en activiteiten te ondernemen. Maar door hun baanverlies wordt de sociale kring van je cliënten kleiner. Daarbovenop veranderen relaties en interacties met hun sociale omgeving door het baanverlies. Vaak ligt de focus op of je cliënten al werk hebben gevonden, waardoor zij zich schuldig voelen en schamen als dit nog niet gelukt is. Ze hebben het gevoel dat ze falen en niet goed genoeg zijn. Dit kan leiden tot verdere sociale isolatie, wat het depressieve vermijdingsgedrag versterkt, waardoor ze in een neerwaartse spiraal terechtkomen (Peterie et al., 2019). Dit wordt geschetst in de casus van Lily.

Lily (62 jaar) heeft haar hele leven met plezier als productiemedewerker gewerkt. Zij genoot ervan om met hetzelfde team aan de lijn te staan. Ze waren als een tweede familie voor haar; ze wisten alles van elkaar en stonden altijd klaar om elkaar te steunen. Lily was doorgaans de persoon die ervoor zorgde dat er bij speciale gelegenheden of moeilijke momenten een kaartje of bloemetje werd gestuurd.

Maar toen Lily ziek werd, veranderde alles. In het begin ontving ze nog telefoontjes en berichtjes van haar collega's, maar al snel werd het stil. Ook de relatie met haar leidinggevende verslechterde toen de druk om snel terug te keren steeds groter werd. Lily voelde zich eenzaam en in de steek gelaten, en de situatie maakte haar steeds onzekerder. Ze begon zich schuldig te voelen over haar uitval en schaamde zich voor haar verdriet om haar dreigende baanverlies.

Naarmate de tijd verstreek en de steun van haar collega's verder afnam, voelde Lily zich steeds meer geïsoleerd. Haar sociale kring werd kleiner en de mensen die overbleven, zoals haar man en vriendinnen, leken niet te begrijpen waar ze zich zo druk om maakte. Ze begon sociale activiteiten te vermijden, bang voor vragen en oordelen over haar situatie.

Toen Lily haar ontslag kreeg, had zij het gevoel dat ze gefaald had en dat ze sterker had moeten zijn. Ze raakte steeds meer verstrikt in haar eigen gedachtes, waardoor haar gevoelens van schuld en schaamte toenamen en haar sociale wereld steeds kleiner werd.

Je hebt nu een beter beeld van verschillende risicofactoren. Let wel op: als het baanverlies onverwacht komt of als iemand een hoge werkcentraliteit heeft, wil dat niet zeggen dat er altijd gecompliceerde rouwreacties na baanverlies ontstaan – alleen dat de kans beduidend groter is. Ook cliënten die zelf kiezen om ontslag te nemen of voor wie werk minder belangrijk lijkt, kunnen vastlopen in het rouwproces. Alleen kom je dit minder vaak tegen dan bij je cliënten bij wie deze risicofactoren wel aanwezig zijn.

Take-aways

- Er zijn diverse risicofactoren die de kans vergroten dat je cliënten vastlopen in rouw na baanverlies:
    - Verliesomstandigheden, zoals onverwacht baanverlies en een arbeidsconflict.
    - Persoonlijkheidskenmerken, zoals hoge werkcentraliteit en beperkte psychologische flexibiliteit.
    - Sociale omgeving, zoals gebrek aan erkenning en sociaal stigma.
- Door alert te zijn op deze risicofactoren herken je sneller welke cliënten kunnen vastlopen in hun rouwproces.
- Bij deze cliënten is extra aandacht en monitoring nodig.

Reflectievragen

1. Welke risicofactoren zie jij bij jouw cliënten na onvrijwillig baanverlies?
2. Welke verliesomstandigheden herken jij bij jouw cliënten die veel last hebben van rouwreacties na het verlies van hun baan?
3. Welke cliënten heb jij begeleid met een hoge werkcentraliteit, een sterke neiging tot neuroticisme en/of beperkte psychologische flexibiliteit?
4. Wat voor rol speelt de sociale omgeving in het verkleinen of vergroten van de kans dat jouw cliënten vastlopen in rouw na baanverlies?
5. Welke combinatie van risicofactoren kom jij veel tegen bij jouw cliënten?
6. Hoe kun jij zorgen dat je alert bent en blijft op de risicofactoren bij jouw cliënten?

6

Waardoor lopen mensen vast in rouw na baanverlies?

Je hebt het cognitieve gedragsmodel al voorbij zien komen in hoofdstuk 3 (kenmerken van gecompliceerde rouw) en hoofdstuk 5 (risicofactoren). In dit hoofdstuk gaan we naar het centrale deel van dit model. Je leert welke drie essentiële psychologische processen (kernprocessen) ervoor zorgen dat je cliënten vastlopen in hun rouwproces na baanverlies en hoe deze drie processen elkaar kunnen versterken.

Wat maakt dat iemand vastloopt in het rouwproces na baanverlies en gecompliceerde rouwreacties ontwikkelt? Drie kernprocessen spelen hierin een sleutelrol, namelijk: 1) negatieve cognities en misinterpretatie van rouwreacties, 2) angstige en depressieve vermijdingsstrategieën, en 3) inadequate integratie van het verlies in het langetermijngeheugen (Van Eersel et al., 2022a; zie figuur 6). Dit klinkt nu wellicht nog ingewikkeld, maar ik ga ze een voor een met je doornemen, zodat je begrijpt wat ik hiermee bedoel.

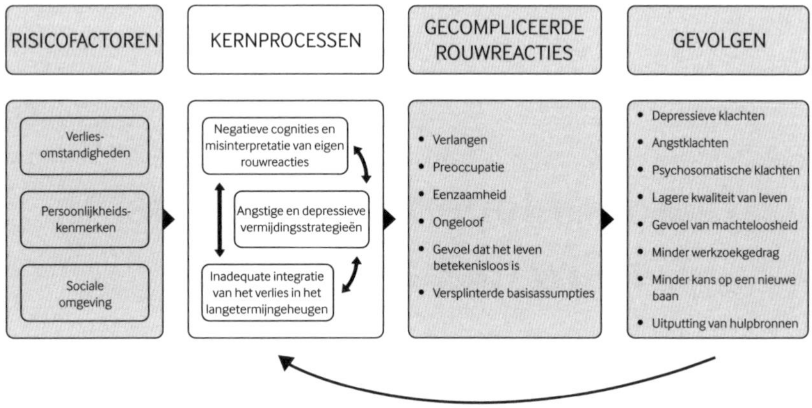

Figuur 6 Cognitief gedragsmodel – kernprocessen

Kernproces 1. Negatieve cognities en misinterpretatie van eigen rouwreacties

Het eerste kernproces gaat over de negatieve cognities die mensen kunnen ontwikkelen door hun baanverlies en de misinterpretatie van hun eigen rouwreacties.

Eerst even een stap terug, zodat je begrijpt hoe het komt dat baanverlies tot negatieve cognities kan leiden. Volgens Janoff-Bulman (1992) hebben mensen doorgaans drie basisovertuigingen: 'de wereld is goed', 'de wereld is betekenisvol' en 'ik ben waardevol'. Deze overtuigingen helpen mensen om te geloven dat de wereld een goede plek is en dat ze optimistisch kunnen zijn over hun toekomst. Zonder deze basisovertuigingen is het lastig om dingen te ondernemen, relaties op te bouwen en plannen te maken voor de toekomst.

Daarnaast beschouwen de meeste mensen zichzelf als goed, moreel en bekwaam in vergelijking met anderen. Wij hebben de neiging om te geloven dat de mate van 'goedheid' en 'moraliteit' ervoor zorgt dat bepaalde zaken ons wel of niet overkomen (Lerner, 1980). Dit is waar uitspraken vandaan komen als: 'wie goed doet, goed ontmoet', 'boontje komt om zijn loontje' en 'karma is a bitch'. Deze overtuigingen helpen ons om de wereld en onszelf te begrijpen. Echter, verlies en traumatische gebeurtenissen kunnen deze basisovertuigingen onderuithalen. Hebben wij het verdiend dat ons dit overkomt? Is de wereld dan wel zo rechtvaardig?

Als je dit weet, begrijp je dat onvrijwillig baanverlies basisovertuigingen bij je cliënten aan het wankelen kan brengen. Hierdoor kunnen cognities ontstaan als: 'Mijn leven is betekenisloos zonder mijn baan' en 'Mensen zijn niet te vertrouwen'. Dit soort cognities passen niet bij basisovertuigingen als 'De wereld is rechtvaardig' en 'Ik ben een goed mens'. Om hun identiteit aan te passen aan deze nieuwe realiteit, moeten je cliënten daarom hun basisovertuigingen over zichzelf, hun leven, hun toekomst en de wereld herzien. Linksom of rechtsom moeten ze zorgen dat het voor hen weer klopt en dat er weer een coherent verhaal ontstaat van waaruit zij de wereld en zichzelf kunnen begrijpen.

Deze negatieve cognities gaan vaak hand in hand met de misinterpretatie van eigen rouwreacties. Mensen denken vaak: 'Als ik eenmaal begin met huilen, dan kan ik niet meer stoppen' of 'Wat ik denk en voel is niet normaal, anderen zullen mij voor gek verklaren'. Dit soort gedachtes en misvattingen zijn sterk verbonden met intense rouwreacties na baanverlies (Van Eersel et al., 2022b) en met frequenter gebruik van vermijdingsgedrag (zoals ontkenning of afleiding zoeken). Als je cliënten deze cognities een onderdeel maken van hun levensverhaal, moeten ze onder ogen zien dat ze misschien niet zo goed, moreel en bekwaam zijn als ze zelf dachten. Begrijpelijk dat ze dit liever vermijden. Een voorbeeld van angstige vermijding kun je lezen in de casus van Carolyn.

Carolyn (51 jaar) had haar hele leven opgebouwd rond haar carrière als afdelingsmanager bij een publieke omroep. Ze blonk uit in haar vak en werd sterk gewaardeerd door collega's en directeuren. Maar na een ziekteverlof van drie maanden werd haar functie onverwachts opgeheven vanwege een reorganisatie.

Haar ontslag kwam voor Carolyn als een donderslag bij heldere hemel. Ze verloor het vertrouwen in zichzelf, anderen en haar toekomst. Ze begon te twijfelen aan haar eigen capaciteiten en waarde. Hoewel ze regelmatig aanbiedingen kreeg voor een andere baan, wees ze deze af omdat ze dacht dat ze er niet klaar voor was. Ze was bang dat ze de verwachtingen niet waar kon maken en opnieuw ontslagen zou worden. Ze voelde zich waardeloos zonder haar baan.

Bovendien was Carolyn ervan overtuigd dat haar reactie op haar baanverlies abnormaal was en een teken van zwakte. Hierdoor durfde ze niet aan haar omgeving te laten zien hoe ze zich echt voelde en ontnam ze hun de kans om haar negatieve misvattingen te corrigeren. In gezelschap plakte ze een lach op haar gezicht en deed ze alsof alles in orde was. Maar hoe meer ze probeerde haar gevoelens te onderdrukken, hoe intenser ze werden. Gedachtes als 'Als ze wisten hoe ik me echt voel, zouden ze denken dat ik gek ben' en 'Niemand zit op mij te wachten zonder mijn baan' spookten door haar hoofd. Ze had het gevoel dat ze vastzat in een neerwaartse spiraal en dat er geen uitweg was.

Rouw Cognitie Vragenlijst – Werk

In de casus van Carolyn zie je hoe groot de impact van negatieve cognities en misvattingen over eigen rouwreacties na baanverlies kan zijn. Net als voor rouwreacties na baanverlies, heb ik ook hier een vragenlijst ontwikkeld en gevalideerd: de *Rouw Cognitie Vragenlijst – Werk* (Van Eersel, 2022b). Deze vragenlijst meet negatieve cognities op acht subschalen: 1) Zelf, 2) Wereld, 3) Leven, 4) Toekomst, 5) Zelfverwijt, 6) Anderen, 7) Gepastheid van eigen rouwreacties en 8) Bedreigende interpretatie van eigen rouwreacties. Je krijgt net als bij de WerkVerliesLijst een score van groen, oranje of rood. Alleen, bij deze vragenlijst krijg je een uitslag per subschaal, zodat jij precies kunt zien op welk vlak de schoen wringt. Denk hierbij aan overtuigingen als: 'Ik heb geen vertrouwen meer in de toekomst' (toekomst), 'Ik had het verlies van mijn baan moeten voorkomen' (zelfverwijt) of 'Ik reageer niet normaal op het verlies van mijn baan' (gepastheid van eigen rouwreacties). Je cliënten kunnen deze lijst kosteloos invullen op *www.werkverlieslijst.nl*.

Kernproces 2. Angstige en depressieve vermijdingsstrategieën

Het tweede kernproces gaat over het frequent gebruik van angstige en depressieve vermijdingsstrategieën. Vermijdingsgedrag hoeft niet problematisch te zijn en kan een gezonde manier zijn om met verlies om te gaan. Het is normaal om in tijden van verlies en rouw heen en weer te bewegen tussen het opzoeken en vermijden van een confrontatie met de veranderde realiteit (Harris, 2020). Dit helpt om het verlies beetje bij beetje te laten doordringen, zonder er volledig door te worden lamgeslagen. Zo zien je cliënten in hun eigen tijd en tempo de pijnlijke realiteit onder ogen. In dat geval is vermijdingsgedrag functioneel en nodig om overeind te blijven. Maar wanneer vermijdingsgedrag de overhand neemt, staat dit het aanpassingsproces aan de nieuwe realiteit in de weg en kunnen gecompliceerde rouwreacties na baanverlies ontstaan. Ik zal angstige en depressieve vermijdingsstrategieën nader uitleggen, zodat je het verschil kunt zien en dit gedrag makkelijker kunt herkennen bij je cliënten.

Angstige vermijdingsstrategieën

Angstige vermijding gaat over het ontwijken van bepaalde plekken (zoals het bedrijfspand), mensen (zoals oud-collega's) of objecten (zoals bedrijfsdocumenten of memorabilia), omdat deze herinneringen aan het baanverlies kunnen activeren. Sommige mensen zijn ervan overtuigd dat ze hun emoties voortdurend moeten onderdrukken, omdat als ze hun verdriet of boosheid toelaten ze erdoor worden overspoeld. Je kunt dit vergelijken met het onder water proberen te houden van een bal: hoe harder je duwt, hoe sterker de tegendruk is (Hayes et al., 2012). Om hun emoties onder controle te houden, gaan je cliënten steeds meer plaatsen, mensen en objecten ontwijken om emotionele triggers van hun baanverlies te vermijden. Hierdoor lukt het hun niet om zich aan te passen aan de nieuwe realiteit en ontstaan gecompliceerde rouwreacties, zoals veelvuldig piekeren over het baanverlies en ongeloof.

Het paradoxale in dit verhaal is dat hoe harder je cliënten werken om hun emoties te onderdrukken, hoe frequenter en intenser ze voorkomen. Oftewel, hoe meer jouw cliënten hun rouwreacties als bedreigend of abnormaal zien, hoe eerder ze zullen terugvallen op vermijdingsgedrag en hoe meer moeite het ze kost om hun baanverlies te integreren in hun langetermijngeheugen.

Een andere veelvoorkomende vorm van angstige vermijding is dat sommige cliënten juist alles op alles zetten om verbonden te blijven met hun verloren baan, om zo de confrontatie met de realiteit te vermijden (Smith & Delgado, 2020). Dit doen ze bijvoorbeeld door voortdurend te blijven praten over de omstandigheden van hun baanverlies of door troost te zoeken in herinneringen. Dit zijn de cliënten die elke afspraak weer hun verhaal vertellen en zich blijven richten op het verleden, zodat ze niet hoeven om te gaan met de realiteit van het heden en de toekomst.

Depressieve vermijdingsstrategieën

Depressieve vermijding kun je zien als inactiviteit en terugtrekking uit sociale, ontspannende en educatieve activiteiten. Je cliënten zullen eerder op dit gedrag terugvallen als ze een tekort ervaren aan verbinding of financiële middelen. Oftewel, als ze geloven dat niemand op hen zit te wachten en dat ze onvoldoende geld hebben om iets te ondernemen. Je kunt depressieve vermijding zien als een motivatieprobleem, of zoals mijn promotor Paul Boelen het soms gekscherend omschreef: 'Het systeem komt niet van de bank af.'

Negatieve verwachtingen spelen een belangrijke rol in depressieve vermijding. Als je cliënten verwachten dat ze door hun sociale omgeving zullen worden afgewezen, trekken ze zich terug om deze afwijzing te vermijden. Als ze verwachten dat mogelijk helpende activiteiten toch niet gaan helpen, beginnen ze er liever niet aan – om zichzelf de teleurstelling te besparen. Ook als ze denken dat het ze niet lukt om deel te nemen aan sociale, ontspannende of educatieve activiteiten, vermijden ze die liever. Zie je hoe negatieve verwachtingen kunnen leiden tot depressieve vermijding en hoe deze vermijding ervoor zorgt dat deze negatieve cognities niet worden gecorrigeerd? Je cliënten ontnemen zichzelf de kans om het tegendeel te ervaren, waardoor de negatieve cognities worden versterkt in plaats van ontkracht (Boelen et al., 2006).

Depressieve vermijdingsstrategieën kunnen resulteren in gecompliceerde rouwreacties na baanverlies, doordat ze het verlangen naar de verloren baan aanwakkeren, een gevoel van betekenisloosheid versterken en leiden tot frequenter piekeren over het baanverlies. Inactiviteit, apathie en terugtrekking uit sociale activiteiten versterken negatieve cognities bij je cliënten over zichzelf, hun leven en hun toekomst, waardoor het moeilijk is om de draad weer op te pakken en nieuwe doelen te stellen (Van Eersel et al., 2022b). Denk aan gevoelens van schaamte en schuld over het baanverlies ('Ik had het verlies van mijn baan moeten voorkomen') en negatieve cognities over zichzelf ('Ik vind mezelf waardeloos sinds ik mijn baan kwijt ben'), waardoor je cliënten het contact met anderen steeds vaker mijden uit angst voor wat anderen van hen zullen vinden. Hierdoor wordt hun sociale wereld steeds kleiner en neemt vaak ook de sociale steun af, wat het nog moeilijker maakt om ander werk te vinden (Rözer et al., 2020).

Vaak maken je cliënten gebruik van zowel angstige als depressieve vermijdingsstrategieën. In de casus van John wordt de impact van beide vermijdingsstrategieën getoond.

John (60 jaar) werkte vijftien jaar als leerkracht op een basisschool. Hij was bevlogen en betrokken, en werkte vaak tot laat over om alle lessen voor te bereiden. Maar na diverse reorganisaties en een tragisch ongeval op het schoolterrein, begon de sfeer op school te verslechteren. Er ontstond wantrouwen tussen de medewerkers en de directie, en John ontwikkelde stressklachten. Dit leidde uiteindelijk tot een conflict met de directeur, dat na een slepende rechtszaak van anderhalf jaar eindigde in zijn onvermijdelijke ontslag.

Vier jaar na zijn ontslag vermijdt John nog steeds de school en andere plaatsen waar hij zijn voormalige directeur of collega's zou kunnen tegenkomen. Hij moest een tijd stoppen met autorijden door concentratiestoornissen sinds zijn ontslag. Inmiddels lukt het weer om te rijden, mits hij uit de buurt blijft van plekken die emoties rondom zijn baanverlies kunnen triggeren. Ondanks dat John een uitstekende leerkracht was en ouders lovend over hem spraken, vermijdt hij nog steeds werk met kinderen uit angst dat hij overvallen wordt door herinneringen en gevoelens van zijn baanverlies.

John piekert veel over wat er is gebeurd en wat hij anders had kunnen doen. Hierdoor lukt het hem niet om zichzelf te motiveren om dingen te ondernemen. Zijn sociale kring wordt steeds kleiner, omdat hij uitnodigingen van vrienden steeds vaker afslaat. Hij voelt zich eenzaam en begrijpt niet hoe dit heeft kunnen gebeuren.

In de casus van John zie je duidelijk het effect van angstige en depressieve vermijdingsstrategieën. Door steeds minder te ondernemen, bevestigt hij zijn negatieve overtuigingen, wat leidt tot nog meer inactiviteit. Zijn besluit om weer te gaan autorijden lijkt een eerste stap om deze neerwaartse spiraal te doorbreken, maar hij heeft nog een lange weg te gaan. Vermijdingsgedrag is vaak hardnekkig en moeilijk om te doorbreken.

Kernproces 3. Inadequate integratie van het verlies in het langetermijngeheugen

Het derde kernproces is wat complexer. Bij een gezonde rouwreactie wordt alle informatie over baanverlies stap voor stap geïntegreerd in het langetermijngeheugen.* Dit helpt iemand om de veranderde realiteit onder ogen te zien, waardoor de intensiteit van de emotionele stress en pijnlijke herinneringen geleidelijk afneemt (Boelen et al., 2006). Dit is waar uitspraken vandaan komen als 'tijd heelt alle wonden'. Dit is echter een rouwmythe. Het is namelijk niet de tijd die heelt, maar het werk dat iemand verzet om het verlies te integreren waardoor de intensiteit van de rouwreacties afneemt. Als je alleen maar wacht tot het overgaat en verder niets doet, blijft de rouw net zo intens. Freud (1917) spreekt niet voor niets over 'rouwarbeid'. Rouwen is hard werken.

Bij gecompliceerde rouwreacties is dit proces verstoord. Het baanverlies wordt onvoldoende geïntegreerd in het langetermijngeheugen, waardoor gedachtes en gevoelens over het baanverlies gemakkelijk getriggerd kunnen worden. Het is vergelijkbaar met een open wond, waarbij elke aanraking de pijn weer doet oplaaien. Hierdoor blijven je cliënten zich geschokt voelen over hun baanverlies. Ze kunnen niet bevatten dat ze hun baan zijn verloren en hoe dit heeft kunnen gebeuren. Ze blijven piekeren en de gebeurtenissen in hun hoofd afspelen, op zoek naar waar het is misgegaan. Daarnaast is baanverlies het gevolg van menselijke beslissingen, waardoor het moeilijk is om de onomkeerbaarheid te aanvaarden. Het kan dan verleidelijk zijn om te geloven dat terugkeer nog mogelijk is, bijvoorbeeld door een rechtszaak aan te spannen: 'Als ik dit doe, dan kan ik nog terugkomen.' Dit wordt geschetst in de casus van Lisa.

* Ik heb het hier over het langetermijngeheugen, maar formeel gaat het derde kernproces over een onderdeel van het langetermijngeheugen, namelijk het autobiografisch geheugen. Dit bevat informatie over gebeurtenissen en vormt daarmee de basis van alle herinneringen over iemands leven. Dan weet je hoe het precies zit.

Lisa (43 jaar) werkte acht jaar als Learning & Developmentspecialist voor een internationaal softwarebedrijf. Ze genoot van de diversiteit in haar vak, de complexiteit van de projecten en de waardering die ze kreeg van zowel haar leidinggevende als haar collega's. Reorganisaties waren aan de orde van de dag. Diep vanbinnen wist Lisa dat het een kwestie van tijd was voor ook haar baan zou verdwijnen, maar toch kwam het nieuws als een schok.

Sinds haar ontslag, inmiddels achttien maanden geleden, droomt Lisa bijna elke nacht over de projecten waar ze aan werkte en de problemen die ze voor klanten oploste. Als ze wakker wordt, voelt ze zich enthousiast en heeft ze zin om aan de slag te gaan, totdat de realiteit tot haar doordringt en gevoelens van verdriet en verwarring haar overspoelen. Hierdoor kost het haar veel tijd en moeite om zichzelf bij elkaar te rapen en om aan de dag te beginnen.

Hoewel Lisa snel een nieuwe baan vond als consultant bij een uitzendbureau, blijft ze terugverlangen naar haar oude baan. Tijdens haar huidige werk dwalen haar gedachtes af naar haar vorige baan en moet ze zichzelf regelmatig herinneren aan het feit dat ze daar niet meer werkt. Ondanks dat ze rationeel weet dat haar oude baan niet meer beschikbaar is, blijft ze elke dag hopen op een telefoontje waarin haar wordt gevraagd om terug te komen.

Je ziet hoe nauw de drie kernprocessen met elkaar verbonden zijn en hoe ze elkaar versterken. Negatieve cognities van je cliënten (1e kernproces) leiden tot vermijdingsgedrag (2e kernproces) en gebrekkige integratie van het baanverlies in hun langetermijngeheugen (3e kernproces). De angstige en depressieve vermijding zorgt ervoor dat negatieve cognities niet kunnen worden ontkracht en dat je cliënten de realiteit van hun baanverlies niet onder ogen hoeven te komen. De gebrekkige integratie van het baanverlies zorgt ervoor dat je cliënten hun negatieve cognities buiten zichzelf kunnen houden en geen onderdeel hoeven te maken van hun levensverhaal en identiteit.

Take-aways

- Drie kernprocessen zijn verantwoordelijk voor de ontwikkeling en continuering van gecompliceerde rouwreacties na baanverlies:
  - Negatieve cognities en misinterpretatie van rouwreacties.
  - Angstige en depressieve vermijdingsstrategieën.
  - Inadequate integratie van het baanverlies in het langetermijngeheugen.
- Deze processen versterken elkaar en bemoeilijken het rouwproces.
- Inzicht in deze kernprocessen helpt je om ze bij je cliënten te herkennen en om een effectief re-integratietraject te bewerkstelligen.

Reflectievragen

1. Hoe herken jij negatieve cognities en misvattingen over hun eigen rouwreacties bij je cliënten?
2. Welke vormen van angstige of depressieve vermijding zie jij vaak bij je cliënten?
3. Wat zijn tekenen dat je cliënten hun baanverlies onvoldoende hebben geïntegreerd in hun langetermijngeheugen?
4. Hoe kun je je cliënten stimuleren om positieve ervaringen op te doen die hun negatieve overtuigingen mogelijk kunnen ontkrachten?
5. Wat zou jij kunnen doen om je cliënten te ondersteunen als de drie kernprocessen het re-integratieproces belemmeren?

7

De impact van gecompliceerde rouwreacties

In dit hoofdstuk maak ik de gevolgen van gecompliceerde rouwreacties na baanverlies inzichtelijk voor je. Na het lezen begrijp je waarom het zo belangrijk is om deze rouwreacties tijdig te herkennen en aan te pakken, en welke prijs je cliënten anders wellicht betalen.

Voor we in de gevolgen duiken, houd in gedachten dat gemiddeld vier op de vijf personen die onvrijwillig hun baan verliezen relatief weinig stress ervaren. Dit boek en mijn onderzoeken richten zich op de minderheid die vastloopt in het rouwproces door baanverlies, oftewel de groep van een op de vijf personen. Ik zal je meer vertellen over de algemene gevolgen, de relatie tussen gecompliceerde rouwreacties, depressieve en angstklachten na baanverlies, het 'why try'-effect en de gevolgen voor de zoektocht naar werk. In figuur 7 staan de meest voorkomende gevolgen genoemd. En nee, dit rijtje is niet uitputtend, daarvoor is er nog te veel wat we niet weten en moet meer onderzoek worden verricht.

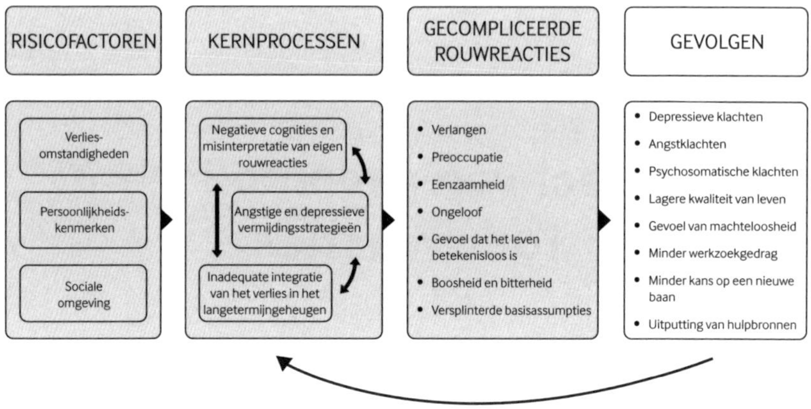

Figuur 7 Cognitief gedragsmodel – gevolgen

Algemene gevolgen

Gecompliceerde rouwreacties vormen helaas de ideale voedingsbodem voor gedoe en ellende. Er kunnen psychosomatische en praktische problemen ontstaan, waardoor je cliënten in een neerwaartse spiraal terechtkomen. De gecompliceerde rouwreacties kunnen leiden tot een opeenstapeling van problemen. Denk bijvoorbeeld aan: sociale afzondering, relatieproblemen, emotionele afstand, lichamelijke klachten, slaapproblemen, een gevoel van machteloosheid, een gebrek aan autonomie en een verminderde kwaliteit van leven (Brand, 2015).

Wat je kunt zien bij je cliënten is dat hun hulpbronnen langzaamaan opdrogen, waardoor ze steeds vaker moeten terugvallen op inefficiënte copingstrategieën – zoals ontkenning, vermijding en zelfverwijt. Hun baanverlies en het uitblijven van nieuwe hulpbronnen leidt tot veel emotionele stress. Denk even terug aan de Conservation of Resources (COR)-theorie uit hoofdstuk 1. De mate van stress die je cliënten ervaren door hun baanverlies hangt volgens de COR af van hun inschatting van de impact van hun baanverlies en het aantal en ook de kwaliteit van hun beschikbare hulpbronnen, zoals tijd, energie en vaardigheden (Hobfoll et al., 2018). De afname van beschikbare hulpbronnen maakt het lastig voor je cliënten om effectief naar werk te blijven zoeken en dat terwijl juist de kwaliteit van de zoektocht naar werk de belangrijkste voorspeller is voor het vinden van een nieuwe baan (Van Hooft et al., 2021). Een impressie van de algemene gevolgen van baanverlies wordt gegeven in de casus van Selina. Nu je een idee hebt van de algemene gevolgen gaan we na de casus meer de diepte in.

Selina (49 jaar) was een bevlogen sociaal werker die cliënten met psychische problemen hielp. Ze hielp hen bijvoorbeeld bij het vinden van een woning of het vinden van de juiste behandeling. Het contact was intens en omdat het lang duurde voor ze haar vertrouwden, zorgde Selina dat ze 24/7 bereikbaar voor hen was. Ze genoot ervan om van betekenis te zijn voor haar cliënten.

Het contact met haar leidinggevende was ingewikkeld. Hij kleineerde haar in het bijzijn van anderen en zocht steeds de grens op van gepast lichamelijk contact. Selina minimaliseerde daarom het contact en wees promoties van de hand om het contact niet te intensiveren. Helaas mocht dit niet baten en werd ze opgeroepen bij HR en per direct geschorst. Selina wist niet wat haar overkwam. Op weg naar huis overviel de paniek haar. Ze voelde druk op haar borst, was duizelig en alles werd zwart voor haar ogen. Toen ze probeerde te bellen voor hulp, bleek haar simkaart geblokkeerd door haar werkgever.

Selina was alles kwijt: haar droombaan, haar netwerk, haar mails en nog erger, haar cliënten. Ze heeft geen kans gekregen om afscheid te nemen van haar cliënten en haar plotselinge vertrek uit te leggen. Nu, een jaar later, voelt zij zich nog steeds ontredderd. Bij de minste of geringste stress heeft ze het gevoel dat haar hart in elkaar wordt gedrukt, valt ze flauw en is ze haar stem kwijt. Ze droomt veel over wat er is gebeurd en het voelt nog steeds onwerkelijk. Selina wil wel weer gaan solliciteren, maar ze weet niet wat ze kan delen over haar baanverlies. Wie zal haar geloven?

Gecompliceerde rouwreacties, depressieve en angstklachten

In hoofdstuk 3 vertelde ik je over twee van mijn onderzoeken om de relatie tussen gecompliceerde rouwreacties, depressieve en angstklachten te ontrafelen. En nu deel ik graag het onderzoek waarin de langetermijnrelatie tussen deze drie variabelen is onderzocht (Van Eersel et al., 2020b). En ja, uiteraard beperk ik de statistiek en cijfers weer tot het minimum.

In deze studie onderzocht ik de dwarsverbanden tussen gecompliceerde rouwreacties, depressieve en angstklachten om te kijken of A tot B leidt of juist B tot A, omdat beide opties aannemelijk zijn. Je kunt je voorstellen dat bij jouw cliënten hun vermijdingsgedrag door hun rouwreacties op termijn tot angstklachten kan leiden. Immers, wat je vermijdt wordt steeds spannender om te doen, waardoor je het nog meer gaat vermijden en het nog spannender wordt. Maar je kunt ook beredeneren dat het door de angstklachten moeilijker is om de veranderde realiteit onder ogen te zien, wat kan leiden tot rouwreacties (Djelantik et al., 2018). Doordat je bepaalde zaken vermijdt, word je niet geconfronteerd met alle veranderingen en kun je vasthouden aan de valse hoop 'dat het niet waar is'. In dat geval zouden angstklachten tot gecompliceerde rouwreacties leiden.

Bij depressie en rouw kun je ook gemakkelijk beide kanten uit redeneren. Doordat je cliënten voortdurend malen over de omstandigheden van hun baanverlies (een gecompliceerde rouwreactie), wordt het lastiger om deel te nemen aan leuke activiteiten, waardoor je cliënten op termijn somber en lusteloos raken (depressieve klachten). Depressieve klachten kunnen echter ook gevoelens van schuld en schaamte versterken, waardoor je cliënten meer rouwreacties ervaren (Lenferink et al., 2019). Daarom is het belangrijk om te weten of er een causaal verband bestaat tussen gecompliceerde rouwreacties, depressieve en angstklachten na baanverlies.

Voor deze studie hebben 128 mensen, die onvrijwillig hun baan waren verloren, twee keer vragenlijsten ingevuld over gecompliceerde rouwreacties, depressieve en angstklachten met een tijdsinterval van zes maanden. De resultaten laten zien dat er een significante relatie is tussen gecompliceerde rouwreacties op tijdstip 1 en depressieve en angstklachten op tijdstip 2 zes maanden later. Andersom was de relatie tussen depressieve en angstklachten op tijdstip 1 en rouwreacties op tijdstip 2 zwak. Dit betekent dat met het verstrijken van de tijd gecompliceerde rouwreacties kunnen leiden tot depressieve en angstklachten. Laat dit even op je inwerken. Als je niets doet om de gecompliceerde rouwreacties na baanverlies te verminderen, oftewel als deze rouwreacties niet worden erkend en herkend, is de kans groot dat je cliënten na verloop van tijd ook nog depressieve en/of angstklachten ontwikkelen. En dat wil je voorkomen. Dit kun je zien in de casus van Matt.

Matt (53 jaar) werkte zestien jaar met veel plezier als operationeel manager. Hij had fijn contact met zijn collega's en veel kansen om zichzelf verder te ontwikkelen. Totdat het bedrijf in zwaar weer kwam door de economische crisis. Door het wegvallen van enkele belangrijke opdrachtgevers waren ze genoodzaakt om mensen te ontslaan, waaronder Matt.

Hij zag zijn ontslag niet aankomen. Hij zag wel dat het niet goed ging, maar hij had verwacht dat ze een oplossing zouden vinden. Dat was tot dan toe steeds gelukt, dus waarom zou het nu anders zijn? Verdoofd en vol ongeloof rondde hij zijn werk af en nam hij afscheid van collega's.

Matt begon direct met solliciteren en had al snel ander werk gevonden. Dit bleek echter niet zijn plek te zijn en hij werd vooral geconfronteerd met het feit dat dit niet de baan was die hij verloren was. Hij stopte daarom in de proefperiode en probeerde nog drie andere banen bij diverse werkgevers, waar hij ook binnen enkele maanden weer vertrok.

Matt voelt zich moedelozer worden en denkt steeds negatiever over zichzelf, anderen en zijn toekomst. Deze klachten nemen toe en slaan om in depressieve klachten. Hij heeft geen zin meer om iets te ondernemen en het gevoel dat er een grauwe deken over hem heen ligt. Vrienden ziet hij nauwelijks meer en van zijn collega's heeft hij niets meer gehoord. Solliciteren doet hij niet meer, want hij gelooft dat er toch niemand op hem zit te wachten.

'Why try'-effect

In een 'gezond' rouwproces zie je dat beetje bij beetje de intensiteit van de rouwreacties afneemt. Het leven wordt weer opgepakt, je cliënten ondernemen weer waardevolle activiteiten en het licht gaat weer schijnen. Bij gecompliceerde rouwreacties zie je dat de intensiteit van de rouw toeneemt met het verstrijken van de tijd. Boosheid verandert in woede en soms zelfs haat. Negatieve overtuigingen verspreiden zich als een inktvlek en komen steeds vaster te zitten: 'Zie je wel dat ik niets waard ben zonder mijn baan?!', 'Zie je wel dat niemand meer te vertrouwen is?' of 'Zie je wel dat mij alleen nog maar ellende overkomt?' Dit is ook wat je zag in de casus van Matt.

Het is dan ook niet gek dat deze negatieve overtuigingen leiden tot meer vermijdingsgedrag. Je cliënten willen hier niet steeds mee geconfronteerd worden en blijven liever thuis. Ze willen het liever niet meer proberen, dan weer te worden afgewezen en te voelen dat ze niet goed genoeg zijn. Dit wordt wel het *'why try'-effect* genoemd (Brouwers, 2020). Hierdoor worden je cliënten passiever en zijn ze eerder geneigd om de schuld van hun baanverlies, en afwijzingen op sollicitaties, bij henzelf te leggen. Door overtuigingen als: 'Ik heb het verkeerd gedaan', 'Anderen was dit niet overkomen' en 'Ik ben niet goed genoeg'. Je cliënten kunnen hierdoor ook last krijgen van 'zelfstigma'. Bij gecompliceerde rouwreacties hangt het zelfstigma samen met de negatieve cognities. Je cliënten raken ervan overtuigd dat wat zij denken en voelen niet normaal is. Anderen hebben niet zoveel last van het verlies van hun baan, waardoor je cliënten zichzelf als 'abnormaal' en 'zwak' zien omdat hun baanverlies zoveel impact op ze heeft. Je snapt dat dit soort gedachtes het vermijdingsgedrag in de hand werken, waardoor een sociaal isolement op de loer ligt.

Daarnaast heeft onderzoek aangetoond dat mensen die last hebben van psychische klachten, beduidend minder kans hebben op het vinden van ander werk in vergelijking met mensen zonder psychische klachten. Het sociale stigma dat kleeft aan het hebben van psychische klachten speelt hierbij een grote rol. Onder psychische klachten valt een brede range van klachten, variërend van schizofrenie tot aan overspannenheid. Janssens en haar collega's (2021) hebben aangetoond dat 64 procent van de leidinggevenden terughoudend is in het aannemen van iemand met psychische klachten en dat 30 procent zelfs terughoudend blijft als iemand hersteld is van psychische klachten. Wat het nog schokkender maakt, is dat van deze leidinggevenden 93 procent persoonlijk geen negatieve ervaringen heeft gehad met een werknemer met psychische aandoeningen. En dat terwijl 48 procent van alle Nederlanders op een moment in hun leven een psychische aandoening krijgt (Ten Have et al., 2023). Hoe het why try-effect en zelfstigma eruitzien in de praktijk, kun je lezen in de casus van Robert.

Robert (47 jaar) werkte als een succesvolle accountmanager in de haven. Netwerken en verbinden van mensen gingen hem natuurlijk af. Overal zag hij kansen en mogelijkheden, en wist hij mooie deals te sluiten. Na de overname van het bedrijf veranderde alles. Zijn functie werd strikt gereguleerd: minder vrijheid, verplichte urenregistratie en verantwoording afleggen voor elke afspraak buiten kantoor. De lol in zijn werk verdween en het lukte hem niet meer om zijn targets te halen. Wat Robert nooit voor mogelijk had gehouden gebeurde: hij kwam thuis te zitten met burn-outklachten

Toen hij na enkele maanden wilde re-integreren, ontdekte hij dat zijn functie was opgeheven Veel van zijn collega's waren vertrokken en zijn nieuwe leidinggevende zag geen mogelijkheden voor hem. De functie-eisen waren verhoogd van mbo naar hbo en ondanks zijn ervaring voldeed hij niet aan deze nieuwe eisen. Robert nam een advocaat in de arm, maar het mocht niet baten – hij werd ontslagen.

Na zijn ontslag nam Robert contact op met zijn oude opdrachtgevers, maar niemand zag mogelijkheden voor hem. Hij raakte steeds moedelozer en kon maar niet begrijpen dat hem dit overkwam. Zijn oud-collega's hadden elders werk gevonden, waarom lukte het hem dan niet? Hij raakte er steeds meer van overtuigd dat het aan hem lag en dat niemand op hem zat te wachten. Misschien was hij toch niet zo goed als hij altijd had gedacht. Als iemand hem nu wil voorstellen bij een bedrijf, houdt hij de boot af om nieuwe teleurstellingen te voorkomen.

Gevolgen voor de zoektocht naar werk

Gecompliceerde rouwreacties na baanverlies kunnen de *employability* van je cliënten verminderen. Er is niet echt een goed Nederlands woord voor employability, al komt 'inzetbaarheid' aardig in de buurt. Employability kun je zien als: de kennis, vaardigheden en capaciteiten die je cliënten bezitten om werk te vinden en te behouden. Hoe hoger iemands employability is, hoe groter de kans op het succesvol vinden en behouden van werk. Je kunt employability opvatten als een samenspel van drie componenten: loopbaanidentiteit, persoonlijk aanpassingsvermogen en sociaal en menselijk kapitaal (Fugate et al., 2004). Gecompliceerde rouwreacties na baanverlies kunnen deze aspecten van employability negatief beïnvloeden, waardoor het een stuk moeilijker wordt voor je cliënten om werk te vinden en te behouden. Ik neem de drie componenten een voor een met je door, zodat je ze makkelijk kunt herkennen bij je cliënten.

De eerste component van employability is *loopbaanidentiteit*. Vragen die hierbij centraal staan, zijn: 'Wie ben ik?' en 'Wie wil ik zijn?' – binnen de context van werk. Loopbaanidentiteit is het verhaal dat we onszelf vertellen om betekenis te geven aan werkervaringen in het verleden, het heden en de toekomst. Zo zorgen we dat alle ervaringen logisch op elkaar aansluiten. Loopbaanidentiteit is de wijze waarop we gebeurtenissen van ons werk framen, zodat ze voor ons kloppen. Dit is ook waarom dit frame door de jaren heen verandert, zodat het past bij de levensfase waarin we ons bevinden. Als starter heb je andere werkervaringen en verwachtingen dan als senior. Hierdoor werkt loopbaanidentiteit als een kompas waaraan je kunt toetsen of je nog op de juiste weg bent. Het werkt ook als motivator om bepaalde kennis of vaardigheden te verkrijgen om dichter bij je beoogde doel te komen (Fugate et al., 2004).

Gecompliceerde rouwreacties na baanverlies kunnen de loopbaanidentiteit van je cliënten onder druk zetten, doordat ze kunnen leiden tot identiteitsontwrichting (Papa & Lancaster, 2016). Als je niet goed weet wie je bent zonder je verloren baan, wordt het lastig om te bepalen welke baan of sector aansluit bij wie je bent en wie je wilt zijn. Hoe kun je jezelf motiveren om een stap te maken richting een gewenst doel, als je niet weet welke kant je uit wilt gaan? Dit is een worsteling die je vaak ziet bij je cliënten na onvrijwillig baanverlies, zeker als zij last hebben van gecompliceerde rouwreacties.

Het tweede aspect van employability is *persoonlijk aanpassingsvermogen*. Het speelveld van de arbeidsmarkt is voortdurend in beweging als het gaat om gestelde eisen, kansen en mogelijkheden. Mensen die optimistisch, leergierig, open en vol zelfvertrouwen zijn, vinden het makkelijker om hierin mee te bewegen. Ze zijn eerder geneigd om veranderingen, zoals baanverlies, als een kans te zien in plaats van een bedreiging. Ze zijn vol vertrouwen dat het goedkomt en ervaren veel controle over hoe zij hun leven vormgeven (Fugate et al., 2004).

Gecompliceerde rouwreacties na baanverlies kunnen het persoonlijk aanpassingsvermogen van je cliënten beperken, doordat ze vaker moeten terugvallen op ineffectieve copingstrategieën bij problemen en stress (Van Eersel et al., 2020a). Daarnaast kan het baanverlies ervoor zorgen dat je cliënten minder controle ervaren over hun leven, zeker als het ontslag onverwacht kwam. De illusie dat we ons leven zelf kunnen vormgeven is doorgeprikt. Ook het vertrouwen in zichzelf en hun toekomst is op losse schroeven komen te staan, waardoor het moeilijk is voor je cliënten om optimistisch, leergierig en open te blijven. Veranderingen en onzekerheid voelen voor hen daardoor eerder als een bedreiging dan een uitdaging.

Het laatste aspect van employability heeft betrekking op iemands sociaal en menselijk kapitaal. *Sociaal kapitaal* is de grootte en de kwaliteit van het sociale netwerk van je clienten. Mensen met een sterk sociaal kapitaal krijgen veel zaken via via geregeld en hoeven nauwelijks gebruik te maken van formele netwerken (Fugate et al., 2004). Door het baanverlies en de gecompliceerde rouwreacties kan zowel de omvang als de sterkte van het sociale netwerk van je cliënten afnemen (Brand, 2015). Je cliënten verliezen vaak het contact met veel collega's en opdrachtgevers, waardoor hun sociale netwerk krimpt. Daarnaast hebben ze vaak hun handen vol aan zichzelf en de puf niet om energiek en vol interesse voor de ander af te spreken. Naarmate de tijd verstrijkt hebben je cliënten ook minder relevante informatie te delen, waardoor ook de sterkte van hun netwerk langzaam afneemt.

Menselijk kapitaal beslaat een breed spectrum van alle waardevolle eigenschappen die iemand meebrengt naar de arbeidsmarkt. Dit gaat van concrete zaken als kennis en vaardigheden tot minder tastbare aspecten zoals werkprestaties en emotionele intelligentie. Hoe sterker het menselijk kapitaal van je cliënten is ontwikkeld, hoe beter hun kansen zijn op de arbeidsmarkt. Met een sterk menselijk kapitaal kunnen zij zich gemakkelijker aanpassen aan verschillende functies en soepel bewegen tussen organisaties (Fugate et al., 2004). Gecompliceerde rouwreacties kunnen ervoor zorgen dat je cliënten hun kennis en vaardigheden in twijfel gaan trekken, waardoor zij zichzelf tekortdoen in hun profilering richting werkgevers.

Kortom, gecompliceerde rouwreacties na baanverlies kunnen de employability van je cliënten fors doen afnemen door de negatieve impact op hun loopbaanidentiteit, persoonlijk aanpassingsvermogen en sociaal en menselijk kapitaal. Dit maakt de zoektocht naar passend werk beduidend lastiger, zoals je kunt zien in de casus van Wil.

Wil (54 jaar) werkte als productiemedewerker, totdat ze haar droom kon verwezenlijken: haar eigen hobby- en cadeauwinkel. Wil kon zo ongeveer alles maken met naald en draad, en zeker tijdens het haken vergat ze de wereld om haar heen. Zij vond het geweldig om met klanten in gesprek te gaan over patronen of te helpen om precies het juiste cadeau te vinden.

Tijdens de economische crisis bleven steeds meer van haar klanten weg. Wat Wil ook probeerde, de schulden liepen op. Toen de inkopers geen uitstel van betaling meer wilden geven, was ze genoodzaakt om na zeven jaar de deuren te sluiten. Ze voelde zich ontheemd, machteloos en intens verdrietig. Ze kon niet geloven dat dit echt gebeurde en bleef zoeken naar manieren om hieruit te komen. Haar winkel was alles voor haar. Wil kon zich geen toekomst voorstellen zonder haar winkel.

Inmiddels zijn we twee jaar verder. Wil voelt zich nog steeds intens verdrietig, zodra zij wordt herinnerd aan het verlies van haar winkel. Haar eens zo grote sociale kring is weggevallen, op één vriendin na. Ze kan zich niet voorstellen dat ze iets anders kan doen. Wat heeft zij nog te bieden? Ze voelt zich een emotioneel wrak en herkent zichzelf niet meer. Solliciteren doet ze nauwelijks, want ze weet niet hoe ze nog van waarde kan zijn. Het enige wat ze nog steeds met plezier doet, is haken en kaarten maken.

De gevolgen die in dit hoofdstuk zijn geschetst, haken ook weer in op de drie kernprocessen uit hoofdstuk 6. Zo gaat bijvoorbeeld zelfstigma hand in hand met het kernproces over negatieve cognities, het why try-effect is koren op de molen voor het kernproces rondom angstige en depressieve vermijding, en ontwrichting van de loopbaanidentiteit bemoeilijkt het kernproces over de integratie van het baanverlies in het langetermijngeheugen. Hierdoor worden de rouwreacties intenser met het verstrijken van de tijd en komen je cliënten in een negatieve spiraal terecht.

Take-aways

- Gecompliceerde rouwreacties kunnen grote gevolgen hebben voor je cliënten, zoals:
  - Het ontwikkelen van depressieve en angstklachten.
  - Passiviteit in hun zoektocht naar werk.
- De rouwreacties hebben een negatieve impact op:
  - Loopbaanidentiteit.
  - Persoonlijk aanpassingsvermogen.
  - Sociaal en menselijk kapitaal.
- Door de afnemende employability wordt het vinden en behouden van een nieuwe baan moeilijker.

Reflectievragen

1. Wat voor gevolgen van gecompliceerde rouwreacties heb jij waargenomen bij je cliënten?
2. Heb jij weleens cliënten begeleid bij wie gecompliceerde rouwreacties hebben geleid tot depressieve of angstklachten? Hoe was dat voor jou?
3. Herken jij het why try-effect bij jouw cliënten? Zou je dit nu anders aanpakken dan voorheen?
4. Nu je meer weet over de drie aspecten van employability, op welk vlak zie jij het vaakst problemen ontstaan bij je cliënten en waarom?
5. Dit hoofdstuk geeft je een indruk van de gevolgen van gecompliceerde rouwreacties na baanverlies. Als je breder kijkt, zie jij dan nog andere gevolgen bij jouw cliënten?

DEEL III

Hoe werk je in de praktijk met gecompliceerde rouwreacties na baanverlies?

En steeds als ik zo ongeveer
gewend ben aan mijn nieuwe vorm,
steeds als ik zo min of meer
geaccepteerd heb
dat ik ben zoals ik ben,
dan ben ik alweer anders.

Tjitske Jansen

8

Strategieën om te voorkomen dat mensen vastlopen

In dit hoofdstuk vertel ik je meer over wat je kunt doen om gecompliceerde rouwreacties na baanverlies te voorkomen, of preciezer gezegd: om het risico te verkleinen dat je cliënten vastlopen in dat rouwproces. Deel 1 richt zich op tips als je cliënt nog in dienst is en deel 2 op de periode als je cliënt uit dienst is.

Voor we daar induiken, is het belangrijk om stil te staan bij de dynamiek van leiderschap vanuit antropologisch perspectief (Braun & Kramer, 2015). In de antropologie wordt gesproken over verticale en horizontale relaties. Bij een *verticale relatie* is er sprake van een machtsverschil, oftewel een hiërarchische relatie. Antropologen spreken van 'ranking' in plaats van hiërarchie om de ordening binnen een organisatie te duiden. Bij een *horizontale relatie* is iedereen gelijkwaardig, dan ben je onder gelijken ('peers'). Als leidinggevende, casemanager, HR-medewerker, bedrijfsarts, arbeidsdeskundige, re-integratieadviseur of loopbaancoach zit je in een verticale relatie met je cliënten. Er is sprake van een machtsverschil en het is belangrijk om je daar bewust van te zijn, zeker bij het voeren van een slechtnieuwsgesprek. En als je nu denkt: ja, maar ik doe toch alles om mijn cliënten te helpen en stel mij gelijkwaardig op? Prachtig, maar als puntje bij paaltje komt en je cliënten doen niet wat jij wilt, kun jij vanuit je machtspositie dwang en druk uitoefenen – en dat voelen ze. Dus nee, jullie zijn niet gelijkwaardig in de rol die jullie bekleden.

Dit machtsverschil wordt extra voelbaar tijdens het brengen van slecht nieuws. Dit machtsverschil gaat niet over personen, maar over de functie die jij op dat moment bekleedt. Jij praat niet voor jezelf, maar vanuit jouw professionele rol. Als jij slecht nieuws moet brengen aan iemand die lager in 'ranking' staat, dan heb je de verantwoordelijkheid voor dat besluit te dragen. Macht en verantwoordelijkheid gaan hand in hand (Braun & Kramer, 2015). Als slecht nieuws wordt gebracht door iemand die niet de verantwoordelijkheid neemt, wordt het voor de ontvanger nog moeilijker om te horen en aan te nemen. Oftewel, als jij je verschuilt achter excuses en gedraai, maak je een lastige situatie nog pijnlijker. Recht je rug en 'own your rank'. Het delen van hoe ingewikkeld jij dit vindt, dat kun je natuurlijk wel doen met jouw gelijken.

Moeite met macht en ranking is ook typisch Nederlands. Wij doen alsof iedereen gelijkwaardig is en we vinden 'macht' een vies woord, maar ondertussen is in de onderstroom iedereen bezig met macht en ranking. Best gek. Als je daar meer over wilt weten, lees dan het boek van Danielle Braun en Jitske Kramer over corporate tribes.

Met dit antropologisch perspectief in je achterhoofd kun je naar de praktijk kijken in deel 1 en 2. Door je bewust te zijn van de machtsdynamiek en je verantwoordelijkheid in deze situaties, kun je effectiever communiceren en je cliënten beter ondersteunen in hun proces.

Deel 1 – Als je cliënt nog in dienst is

In dit deel bespreek ik het ontslag- en exitgesprek en geef ik tips om de laatste fase in loondienst vorm te geven. Vanuit een rol als bijvoorbeeld HR-medewerker of leidinggevende kun je hier doorgaans de meeste invloed op uitoefenen. Echter, als je geen rechtstreekse invloed kunt uitoefenen, kun je via de zijlijn de medewerker of cliënt wel ondersteunen om zoveel mogelijk regie over dit proces te nemen en op deze wijze de schade waar mogelijk beperken.

Ontslaggesprek

Waar gewerkt wordt, verliezen mensen hun baan. Dat hoort erbij helaas. Maar de wijze waarop mensen worden ontslagen, daar lijkt nog een wereld te winnen. Ik heb de afgelopen jaren vele horrorverhalen gehoord van cliënten, die plotsklaps ontslagen werden en onder toeziend oog van de beveiliging hun spullen moesten pakken en het pand uit werden begeleid. Of cliënten die direct hun auto en telefoon van de zaak moesten inleveren en niet meer wisten hoe ze thuis konden komen. Of zoals een deelnemer antwoordde in de onderzoeksvragenlijst bij de vraag over de reden van het baanverlies: 'Wist ik het maar.' Deze vier woordjes zeggen alles en vormen helaas de ideale bodem om gecompliceerde rouwreacties na baanverlies te ontwikkelen. Gelukkig zijn dit de uitzonderingen en verloopt het ontslag meestal veel menselijker. De cliënten die ik doorgaans spreek, zijn mensen bij wie het ontslag vervelend tot aan afschuwelijk is verlopen. Want als het ontslag respectvol en menselijk wordt aangepakt, is de kans op gecompliceerde rouwreacties veel kleiner.

Kijk eens terug in hoofdstuk 5 naar de risicofactoren waardoor mensen meer kans lopen om vast te lopen in het rouwproces. Hier zie je al diverse aanknopingspunten over hoe het anders kan, zoals de ervaren onverwachtheid van het ontslag en de gelegenheid om passend afscheid te nemen.

Als jij een rol hebt van waaruit je invloed kunt uitoefenen op de wijze waarop de medewerker ontslagen wordt, dan kun je het nodige doen om het leed te verzachten. Het goed voeren van een slechtnieuwsgesprek, zoals een ontslaggesprek, is een vak apart. Als je van nature geneigd bent om moeilijke gesprekken of conflicten uit de weg te gaan, zijn de onderstaande tips wellicht lastiger toe te passen. Het is dan handig om een veilige setting te creëren waarin je hiermee kunt gaan oefenen, bijvoorbeeld tijdens een training of intervisiebijeenkomst. Daarnaast kun je een HR-collega vragen om je te helpen met de voorbereiding en om aan te sluiten tijdens het ontslaggesprek. Het is sowieso fijn als er een collega bij aanwezig is, om discussies achteraf over wie wat heeft gezegd te voorkomen.

Het doel van een ontslaggesprek is om eerlijk en duidelijk te communiceren, en omstandigheden te creëren die de kans maximaliseren dat de medewerker de boodschap kan horen en accepteren. Bij ruimte, twijfel of onduidelijkheid gaat de medewerker piekeren en hopen dat er misschien toch nog een uitweg is. Bij het ontbreken van aannemelijke argumenten blijft de medewerker zoeken naar de echte reden, in een poging te begrijpen waarom dit is gebeurd. Je kunt door het gesprek respectvol, menselijk en met empathie te voeren, de kans verkleinen dat de medewerker vastloopt in het rouwproces. Al blijft het een nare boodschap om te brengen en zeker om te ontvangen.

Ik hoop dat het onderstaande veelal bekende kost is, maar omdat ik het nog zo vaak zie misgaan, staan hier enkele basisregels op een rij.

Voorbereiding van een ontslaggesprek

1. Alles valt of staat met communicatie en verbinding. Verplaats je zoveel mogelijk in de belevingswereld van de ander. Als je dat lastig vindt, denk dan terug aan een moeilijk gesprek dat iemand met jou heeft gevoerd – bij voorkeur in de werksetting – om je daarna makkelijker te kunnen verplaatsen in de positie van de medewerker.
2. Zorg dat het ontslag niet als een grote verrassing komt voor de medewerker. Soms kan het niet anders, maar als het ook maar even kan, zorg ervoor dat het nieuws niet als een donderslag bij heldere hemel komt. Daarmee voorkom je zoveel ellende.
3. Geef vooraf het doel van het gesprek aan. Natuurlijk niet dat de medewerker ontslagen wordt, maar wel dat je bijvoorbeeld het contract of functioneren wilt bespreken.
4. Als er meerdere mensen bij het gesprek aanwezig zijn, geef dit dan vooraf aan. Niet alleen wie het zijn, maar ook de reden van aansluiten en hun rol tijdens het gesprek.
5. Laat niet te veel tijd zitten tussen het maken van de afspraak en het gesprek, om de kans op piekeren over wat er gaat komen te verkleinen.
6. Plan het gesprek bij voorkeur in de ochtend en het begin van de week, zodat de medewerker de ruimte heeft om het te laten bezinken. En plan het zeker niet vlak voor het weekend of de vakantie.
7. Kijk of de medewerker belangrijke afspraken of taken heeft op de dag van de afspraak, die eventueel overgedragen of geannuleerd kunnen worden.

Voeren van het ontslaggesprek

8. Zoek een rustige locatie en zet je telefoon op stil, zodat je ongestoord het gesprek kunt voeren. Focus je op het gesprek en de medewerker, en voer het gesprek niet even snel tussen de soep en aardappelen door.
9. Stel geen vragen over hoe het met de medewerker gaat. Dat leidt af en de medewerker voelt dat je om de hete brij heen draait. Dat zorgt vooral voor hele ongemakkelijke situaties.
10. Introduceer kort waarom je dit gesprek hebt geïnitieerd. Geef aan dat je slecht nieuws hebt en dat je de arbeidsrelatie wilt gaan beëindigen.
11. Geef enkele duidelijke argumenten die verwijzen naar wat jullie in eerdere gesprekken hebben besproken. Benoem feiten en feitelijk gedrag. Wees eerlijk en duidelijk. De medewerker voelt het als je niet eerlijk bent en gaat vervolgens zelfs de gaten invullen met zelfbedachte argumenten. Dat wil je niet.
12. Geef de medewerker de ruimte om te reageren. Dit zal veelal niet positief zijn, maar laat het over je heen komen.
13. Geef antwoord op vragen, maar ga niet in discussie.
14. Laat geen ruimte voor twijfel of hoop. Het besluit is genomen en dat gaat niet meer veranderen.
15. Probeer het niet goed te praten of het leed te verzachten. Dit is slecht nieuws en dat doet pijn.
16. Luister, wees empathisch en toon mededogen.
17. Spreek met de medewerker af om op een later moment terug te komen op dit gesprek. Neem hier zelf proactief actie in door er na enkele dagen of weken naar te vragen.
18. Plan, indien nodig, voor jezelf een moment om bij te komen na afloop van het gesprek. Een ontslaggesprek is voor niemand leuk, maar het moet wel gedaan worden. Zorg daarom ook goed voor jezelf.

Vanaf het moment dat het ontslaggesprek heeft plaatsgevonden, begint het proces van afscheid nemen. Ga samen in gesprek over hoe jullie deze laatste periode gaan vormgeven. Hierbij wil je zoveel mogelijk de regie en controle bij de medewerker laten, want je hebt met het ontslag de controle weggenomen, waardoor iemand op drift kan raken. Je wilt dit gevoel van controle daarom waar mogelijk teruggeven.

Er zijn verschillende zaken om afspraken over te maken, zoals wie brengt het nieuws van het ontslag naar buiten, en hoe? Denk aan directe collega's, de afdeling, klanten en opdrachtgevers. Sommige medewerkers willen het graag zelf aan iedereen vertellen, terwijl anderen er niet aan moeten denken. Sommigen vinden het fijn als het nieuws als algemene mededeling wordt gebracht tijdens een vergadering, bijvoorbeeld door hun leidinggevende, omdat ze het zelf te moeilijk vinden om te vertellen. Sommigen informeren liever iedereen in een keer per mail of laten dit doen door hun leidinggevende. Sommigen willen dat zo min mogelijk mensen het weten totdat ze zijn vertrokken. Er zijn zoveel smaken en wensen. Bespreek samen wat kan en haalbaar is.

De kans is reëel dat de ontslagen medewerker minder gemotiveerd is om te werken. Logisch, waarom zou je nog investeren in een plek waar je niet kunt blijven? Maar de meeste mensen vinden het belangrijk om hun taken netjes af te ronden en/of over te dragen, zodat ze niet het gevoel krijgen dat ze al hun werk voor niets hebben gedaan. Als je dit open met elkaar kunt bespreken, kun je deze ongemakkelijke situatie dragelijker maken voor jullie allebei.

Exitgesprek

Het is verbazingwekkend hoe weinig er gebruik wordt gemaakt van een exitgesprek, terwijl het zo'n waardevol instrument kan zijn (Gordon, 2011). Een goed exitgesprek creëert de gelegenheid om 'losse eindjes' te bespreken, onbeantwoorde vragen te stellen, prestaties te beoordelen, waardering te delen en constructieve feedback te geven. Open communicatie, oprechte interesse, verbinding, respect en authenticiteit zijn cruciale ingrediënten voor een gedegen exitgesprek. Ook hierbij geldt, net als bij het ontslaggesprek: probeer je te verplaatsen in de positie van de ander. Zo'n gesprek vergroot de kans dat medewerkers zich gezien en gehoord voelen in hun gevoelens van verlies en rouw.

Een exitgesprek geeft ook de kans om bepaalde (negatieve) aannames over de reden van ontslag te toetsen en te corrigeren. Dit verkleint het risico dat medewerkers hun baanverlies als onrechtvaardig beschouwen of zichzelf verliezen in zelfverwijt. Een exitgesprek kan jullie allebei helpen om een punt te zetten. Dit is niet alleen in het belang van de medewerker, maar ook goed voor de organisatie.

Je wilt voor zover mogelijk dat ook vertrekkende medewerkers ambassadeurs blijven van je organisatie. Goed afhechten helpt daarbij. Als de emoties nog te intens zijn, kan een exitgesprek ook op een later moment plaatsvinden. Al leert de ervaring dat dit soort emoties vaak toenemen met het verstrijken van de tijd, terwijl een exitgesprek er juist voor kan zorgen dat de gemoederen enigszins bedaren. Wacht daarom (als het kan) niet te lang.

Om je op weg te helpen hierbij enkele tips voor het exitgesprek:

1. Ook in een exitgesprek valt of staat alles met communicatie en verbinding. Verplaats je zoveel mogelijk in de belevingswereld van de ander.
2. Bespreek het doel van een exitgesprek en vraag of de medewerker hiervoor openstaat. Leg helder uit hoe een exitgesprek de medewerker zou kunnen helpen. Als de medewerker niet wil of het is nog te vroeg, dan respecteer je deze wens.
3. Probeer het gesprek in een van de laatste werkdagen van de medewerker te plannen, voordat er eventueel verlof wordt opgenomen.
4. Zoek een neutrale ruimte op, zoals een vergaderruimte, en gebruik liever niet je eigen kantoor. Zorg dat jullie ongestoord het gesprek kunnen voeren.
5. Maak voor het gesprek een lijst met onderwerpen en vragen die je graag wilt bespreken. Denk aan: kritiek op de organisatie, sfeer in het team, relatie met de leidinggevende, adviezen en verbeterpunten.
6. Stel je in het gesprek 'ontvangend' op voor alle feedbackpunten en ga geen discussie aan.
7. Als er nog losse eindjes in het gesprek naar voren komen, bijvoorbeeld vragen waar je geen antwoord op hebt, kom hier dan op een later moment op terug.

In algemene zin: wat mij vaak verbaast, is dat er veel geld wordt gespendeerd aan het werven van nieuwe medewerkers, maar dat er doorgaans weinig tijd en aandacht wordt besteed aan hun vertrek. Een exitgesprek helpt ter afsluiting, maar het geeft werkgevers ook waardevolle informatie over waarom medewerkers vrijwillig en onvrijwillig vertrekken. In retrospectief heb ik verschillende dienstverbanden en samenwerkingen beëindigd waarbij het zinvol was geweest om een exitgesprek te voeren. Zonder afsluitend gesprek blijft het voelen als een los eindje, maar het is ook een gemiste kans voor beide partijen om zich verder te ontwikkelen als mens of organisatie. Met rode loper binnenhalen én uitzwaaien.

Passend afscheid

Passend afscheid nemen is belangrijk om goed te kunnen onthechten. Zeker als medewerkers hun ziel en zaligheid in hun werk hebben gestopt en werk belangrijk voor hen is. Ook hierbij is belangrijk dat je de medewerker zoveel mogelijk de regie geeft over wat, hoe, wanneer en met wie. Afscheid gebeurt vaak op meerdere momenten. Elke stap bewust zetten helpt de medewerker om beetje bij beetje te onthechten.

Als het baanverlies nog niet is geformaliseerd, moet er waarschijnlijk nog een *vaststellingsovereenkomst* worden opgesteld en getekend. De meeste medewerkers hebben weinig kennis van zo'n overeenkomst en waar ze recht op hebben. Daarnaast voelen ze zich vaak (emotioneel) kwetsbaar, wat onderhandelen lastig maakt. Ik adviseer mijn cliënten om zich goed te laten informeren en indien nodig externe hulp in te schakelen, zoals *De Ontslagexpert*. Werkgevers behoren hun medewerkers erop te wijzen dat ze juridische hulp kunnen inschakelen, zodat ze goed geïnformeerd zijn over wat ze doen, wat ze tekenen en wat de gevolgen zijn. Ik ben nog steeds blij dat ik na mijn ontslag een jurist heb ingeschakeld. Zij nam het contact met mijn werkgever over en onderhandelde in mijn naam. Ik was in die tijd zo uitgeput en emotioneel dat ik op alles 'ja' zou hebben gezegd om maar uit de situatie te komen. En dat zie ik ook vaak bij mijn cliënten. Dankzij de hulp van mijn arbeidsjurist kreeg ik een fatsoenlijke regeling en tijd om op adem te komen, en dat gun ik iedereen. Want je baan verliezen is al lastig genoeg.

Ook het tekenen van een vaststellingsovereenkomst is meer dan het zetten van een handtekening. Dit kan er fors inhakken. Bespreek met de medewerker wie of wat kan helpen, als de handtekening is gezet. Bijvoorbeeld gaan wandelen met een vriend(in) of collega. Na het ondertekenen van mijn vaststellingsovereenkomst thuis was ik van plan om de brief op 1 januari op de post te doen, als een symbolisch nieuw begin. Alleen dan zijn de brievenbussen afgesloten vanwege het vuurwerk. We waren op weg naar een nieuwjaarsfeestje, dus in plaats daarvan heb ik de hele avond staan dansen met die brief in mijn hand. De volgende dag heb ik de envelop onder de vlekken op de bus gedaan. Dat voelde toen passend.

Als het werk erop zit, komt het moment dat de *bedrijfseigendommen* moeten worden ingeleverd. Voor sommige medewerkers is dit slechts een technische handeling, maar voor anderen is dit een emotioneel proces. Dan beginnen ze te voelen dat ze echt niet meer terug kunnen en dat het klaar is. Bespreek ook hier wat, hoe en wanneer met de medewerker. Aan wie wil de medewerker de spullen overhandigen? Wil de medewerker door een fijne collega worden opgevangen of liever zo snel mogelijk het pand weer verlaten? Of wil de medewerker dat iemand anders de spullen komt halen of inlevert, omdat het zo confronterend is? En wat wil de medewerker gaan doen na het inleveren van de spullen? Ik ben bijvoorbeeld na het inleveren door de wasstraat gereden. De hele auto moest schoon. Alles moest worden weggespoeld om ruimte te maken voor een nieuwe start. Het inleveren van spullen hoeft niet emotioneel beladen te zijn, maar het kan wel en door de medewerker er vooraf over na te laten denken, wordt dit proces makkelijker.

Dan is er nog een laatste stap, *afscheid nemen*. Passend afscheid is helend en verkleint de kans dat mensen vastlopen in gecompliceerde rouwreacties na ontslag (Van Eersel et al., 2020a). Hierdoor kan de medewerker beter een punt zetten achter de situatie en langzaam de blik richten op de toekomst en nieuwe mogelijkheden. Het afscheid draait om wat de medewerker wil, niet om wat anderen verwachten of hoe dat 'altijd' wordt gedaan binnen de organisatie. De medewerker bepaalt, binnen de kaders van wat er mogelijk is. Sommige medewerkers willen graag een grote receptie, terwijl anderen liever met een klein groepje collega's gaan lunchen. Bespreek ook of en hoe de medewerker afscheid wil nemen van cliënten of opdrachtgevers met wie ze een goede band hebben opgebouwd.

Aanvullend, als de medewerker geen afscheid wil nemen met het team, is het nog steeds belangrijk om als team stil te staan bij iemands vertrek. Danielle Braun omschrijft het als: 'Je moet de geest uitroken door samen bitterballen te eten.' Anders is het voor het team moeilijk om door te gaan en ruimte te maken voor nieuwe teamleden. Ze blijven dan eerder in het verleden hangen en gaan sneller dwarsliggen bij nieuwe plannen en veranderingen.

Als je meer wilt lezen over de juridische en emotionele kanten van ontslag, dan kun je het boek *Fired Up* van Vicky Buelens (2022) lezen. Zij geeft je allerlei handvatten hoe je op een respectvolle en menselijke wijze iemand kunt ontslaan.

Deel 2 – Als je cliënt uit dienst is

Als het leed al is geschied, zijn je middelen om te voorkomen dat iemand vastloopt in rouwen om baanverlies logischerwijs beperkter. Dat neemt niet weg dat er wel degelijk dingen zijn die je kunt doen. In dit deel bespreek ik eerst het belang van passend afscheid nemen, ook als het baanverlies al een tijd geleden heeft plaatsgevonden, en de waarde van psycho-educatie.

Passend afscheid

Soms spreek je cliënten bij wie het afscheid niet goed is verlopen. Bijvoorbeeld als ze van de afdeling afscheid moeten nemen, maar bijna niemand meer kennen door een ziekteperiode. Of als – ongevraagd – het afscheid van meerdere mensen wordt gecombineerd, waardoor er weinig persoonlijke aandacht is. Je kunt je cliënten dan ondersteunen en stimuleren om alsnog passend afscheid te nemen. En ja, dat kan ook weken, maanden en soms zelfs jaren na dato. Dat helpt je cliënten om beter een punt te zetten en deze intense periode achter zich te laten. Dit afscheid kan ook zonder collega's en met vrienden of familie plaatsvinden, als iemand dat fijner vindt of als er geen contact meer is met oud-collega's. Help je cliënten om uit te vogelen hoe een passend afscheid er voor hen uitziet en wie daarbij aanwezig mag zijn. Vraag ze om te overwegen om tijdens dit afscheid – naast de ellende – ook mooie verhalen te delen over waarom ze zo verknocht waren aan hun baan en wat ze voor fijne dingen hebben meegemaakt.

Ik wilde na mijn ontslag even niets met mijn collega's. Het was nog te pijnlijk en de kans was groot dat ik dingen zou zeggen waar ik later spijt van zou krijgen. In plaats daarvan heb ik met mijn partner en twee vrienden alle mails, functioneringsformulieren en visitekaartjes in een vuurkorf verbrand onder het genot van een biertje en Queens of the Stone Age. Dat voelde passend en hielp mij om een punt te zetten achter deze intense periode.

Psycho-educatie

Psycho-educatie kun je zien als een duur woord voor 'uitleg'. Dit is een cruciaal, maar ook vaak onderschat onderdeel van preventie. Je wilt psycho-educatie geven over dat iemand rouwreacties kan ervaren na baanverlies en hier zelfs in kan vastlopen. En ja, dit is ook aan te raden als bij langdurig verzuim blijkt dat je cliënten niet terug kunnen keren in hun eigen functie, want ook dat kan leiden tot rouwreacties. Het doel is het normaliseren van de rouwreacties die cliënten ervaren door hun baanverlies. Leg uit dat het begrijpelijk is dat je cliënten bepaalde gedachtes en gevoelens hebben na het verlies van hun baan. Door hier heldere uitleg over te geven, voorkom je dat jouw cliënten hun rouwreacties als abnormaal of bedreigend bestempelen. Hierdoor begrijpen ze beter wat er aan de hand is en welk proces ze doormaken. En dat reacties zoals terugverlangen, voortdurend denken aan het baanverlies, ongeloof, gevoelens van zinloosheid, boosheid en verdriet allemaal deel uitmaken van het rouwproces.

Doel van psycho-educatie

Het doel van de psycho-educatie is dat je cliënten begrijpen dat wat ze denken en voelen normaal is, als ze door een rouwproces gaan na het verlies van hun baan. Hiermee verklein je de kans dat ze negatieve cognities ontwikkelen over zichzelf, anderen, hun toekomst en de wereld, en dat ze zichzelf gaan terugtrekken uit sociale interacties. Mensen zijn heel goed in zichzelf gek denken, juist als ze niet weten dat het normaal is en bij het rouwproces hoort.

Tips voor psycho-educatie

Om je te helpen dit aan je cliënten uit te leggen, heb ik enkele stappen voor het geven van psycho-educatie voor je beschreven.

Stap 1: Leg uit dat je kunt rouwen om baanverlies, zeker als je baan belangrijk voor je is. Ik doe dit vaak door dit als vraag of stelling in te brengen en dan te kijken hoe de cliënt reageert. Hierbij noem ik ook vaak dat 'Rouw de achterkant is van hechting' (hoofdstuk 2), dan zie je meestal snel kwartjes vallen bij cliënten.

Stap 2: Leg uit dat het rouwproces voor verschillende verliezen ongeveer gelijk is, alleen dat de intensiteit van de rouwreacties sterk afhangt van hoe groot het verlies is. Baanverlies zal voor sommigen voelen als het einde van de wereld, terwijl anderen hun schouders ophalen en weer doorgaan.

Stap 3: Benadruk dat rouwen een uniek proces is. Iedereen rouwt op zijn eigen manier, afhankelijk van hoe zij hebben leren omgaan met verlies en wat voor type persoon ze zijn.

Stap 4: Leg het duale procesmodel uit (hoofdstuk 2). Ik doe dat vaak zo. Je hebt twee kanten: een verlies- en een herstelkant. Bij de verlieskant ben je gericht op je verlies. Je huilt erom en praat erover. Bij de herstelkant ben je gericht op herstel. Je probeert je toekomst weer op te bouwen en zet je schouders eronder. In een ideaal rouwproces pendel je tussen beide kanten op en neer. Het gedoe begint als je op een van beide kanten blijft steken. Als dat op de verlieskant is, ga je steeds meer het leven van alledag uit de weg en kunnen rouwreacties overgaan in depressieve klachten. Als je blijft steken op de herstelkant, ga je steeds harder rennen om je doel te bereiken en niet te voelen hoe pijnlijk het is.

Bij al deze stappen kijk ik vooral hoe de cliënten reageren en haak ik daarop in. Ook qua taal probeer ik zo dicht mogelijk bij de taal van de cliënten te blijven en voorbeelden uit hun eigen verhaal te gebruiken.

Professionele grenzen van coaching

Je ziet dat ik bij psycho-educatie niet de drie kernprocessen van het cognitieve gedragsmodel uitleg. Dit model heb ik wel altijd in mijn achterhoofd als ik cliënten spreek en ik gebruik het om hun ervaringen te duiden, verbinden en normaliseren. Dit zijn vaardigheden die je nodig hebt als je met cliënten werkt die 'rood' scoren op de WerkVerliesLijst, Vragenlijst Dreigend Verlies van Werk of Vragenlijst Verlies Van Gezondheid (hoofdstuk 4). Dat is een van de redenen waarom het belangrijk is dat je alleen cliënten ondersteunt in hun rouwproces na baanverlies als ze 'groen' of 'oranje' scoren. Dat neemt niet weg dat het handig is om het cognitieve gedragsmodel in je achterhoofd te houden als je cliënten spreekt, zodat je voor jezelf risicofactoren, rouwreacties en gevolgen eerder herkent en beter kunt plaatsen.

Take-aways

- Je kunt verschillende dingen doen om de kans te verkleinen dat iemand vastloopt in rouw na baanverlies.
- Zo kun je tijdens het dienstverband het ontslaggesprek op menselijke wijze voeren en oprechte interesse tonen tijdens een exitgesprek.
- Na uitdiensttreding kun je samen een passend afscheid bedenken en uitvoeren.
- Met psycho-educatie kun je veel ellende voorkomen. Zoek je eigen taal om gecompliceerde rouwreacties na baanverlies uit te leggen aan je cliënten.

Reflectievragen

1. Wat is jouw ervaring met ontslaggesprekken en is er iets wat je anders zou willen aanpakken?
2. Op welke wijze geef jij iemand controle over hun afscheid en de laatste werkperiode?
3. Hoe zorg je ervoor dat medewerkers weten waar ze terechtkunnen voor verdere (psychologische) ondersteuning na hun ontslag?
4. Hoe zorg jij voor open communicatie en constructieve feedback tijdens een exitgesprek?
5. Wat kun jij vanuit jouw rol doen om iemand te ondersteunen om (alsnog) passend afscheid te nemen?
6. Hoe maak jij rouwen om baanverlies bespreekbaar bij jouw cliënten?

9

Handvatten voor begeleiding

In dit hoofdstuk krijg je handvatten, tips en oefeningen om je cliënten beter te kunnen ondersteunen en begeleiden. Ik bespreek nog een van mijn onderzoeken, geef algemene tips en meerdere oefeningen. En ik introduceer graag het werk van Kim Janssens over 'Vertel ik het of vertel ik het niet'. Dit is het moment waar de meeste professionals op wachten: 'Wat kan ik doen?' Nou, dat ga ik je vertellen, maar eerst nog even een disclaimer.

Disclaimer

De interventies en tips uit dit hoofdstuk zijn bedoeld voor cliënten die *oranje* scoren op de vragenlijsten uit hoofdstuk 4: WerkVerliesLijst, Vragenlijst Dreigend Verlies van Werk en Vragenlijst Verlies Van Gezondheid. Ook voor mensen die *groen* scoren kunnen sommige oefeningen fijn zijn. Maar deze interventies zijn te licht om zonder de juiste context en begeleiding in te zetten bij cliënten die *rood* scoren op de vragenlijsten. Gebruik ze daarom niet zonder meer bij rood scorende cliënten, om te voorkomen dat je de rouwreacties – onbedoeld – sterker maakt in plaats van vermindert.

Ook als er bij jouw cliënten sprake is van ernstige psychische of psychiatrische klachten, wees dan terughoudend met het inzetten van deze oefeningen. Je wilt bijvoorbeeld cliënten met een zware depressie niet adviseren dat ze een dankbaarheidsdagboek moeten bijhouden. Ze voelen zich niet serieus genomen door jou en dat verstoort jullie relatie. Oftewel, schoenmaker blijf bij je leest. Als de problematiek niet aansluit bij waar jij voor opgeleid bent en waar jij je senang bij voelt, blijf er dan vanaf. Je kunt deze mensen doorverwijzen naar een van mijn transitiecoaches of naar andere professionals die hiervoor zijn opgeleid.

Onderzoek – dagboekstudie

In een dagboekstudie vulden 236 mensen vijf dagen op rij enkele korte vragenlijsten in over hun activiteiten en mentale gesteldheid (Van Eersel et al., 2023). Onze hypothese was dat bepaalde dagelijkse activiteiten basisbehoeftes vervullen (Jahoda, 1981), zoals sociale status, identiteit, zingeving en actief en betrokken blijven, waardoor mensen minder last zouden ervaren van rouwreacties door baanverlies.

De resultaten lieten zien dat dit niet zo was. De basisbehoeftes toonden geen (significante) relatie met de dagelijkse activiteiten en ook niet met gecompliceerde rouwreacties. Ook wat de deelnemers deden, of voor hoelang ze iets deden, hing niet samen met de basisbehoeftes en ook niet met gecompliceerde rouwreacties.

Tot zover denk je wellicht: maar waarom vertel je dit dan? Omdat er wel iets anders interessants naar voren kwam. Wat namelijk wel samenhangt met de vervulling van de basisbehoeftes en gecompliceerde rouwreacties, is hoe nuttig iemand de activiteit vindt. Ik vertaal dit resultaat vaak gekscherend naar: dus als je taart eten nuttig vindt, dan zul je daardoor meer vervulling van je basisbehoeftes en minder rouwreacties ervaren. Dat is uiteraard te kort door de bocht en natuurlijk moet dit verder onderzocht worden, maar je begrijpt het idee. Je cliënten hoeven dus niet per se een specifieke activiteit te ondernemen of dit voor een bepaalde tijd te doen; zolang zij de activiteit die zij doen als nuttig ervaren, voelen ze zich beter en hebben ze minder last van rouw.

Dit is een algemene tip die ik je dan ook graag wil meegeven. Vaak leeft de aanname dat je cliënten per se moeten gaan sporten of vrijwilligerswerk moeten doen. Als zij echter het nut van sport of vrijwilligerswerk niet inzien, heeft het waarschijnlijk geen invloed op de intensiteit van de rouwreacties. Sluit daarom aan bij wat je cliënten als nuttige activiteiten zien en richt je niet op activiteiten waarvan jij vindt dat zij ze nuttig moeten vinden. We zijn nu eenmaal allemaal anders. Dat neemt niet weg dat bepaalde activiteiten wel degelijk goed kunnen zijn voor hun welzijn. Maar om de intensiteit van de rouwreacties te verminderen, zijn ze alleen zinvol als je cliënten de activiteiten ook nuttig vinden.

Interventies

En nu is het de hoogste tijd voor interventies. Ik ga diverse interventies met je delen en geef bij iedere oefening aan wanneer je deze het beste kunt inzetten. Het is belangrijk dat je aansluit bij wat je cliënten op dat moment nodig hebben en dat je de oefeningen in samenspraak uitprobeert. Evalueer de oefeningen na afloop samen om te kijken welke elementen voor je cliënten werken en welke niet, om de interventies meer impact te geven en beter maatwerk te kunnen leveren.

Oefening – Duale procesmodel

Zet deze oefening in als je cliënten 'oranje' scoren op de WerkVerliesLijst, Vragenlijst Dreigend Verlies van Werk of Vragenlijst Verlies Van Gezondheid. Ook bij cliënten met een 'groene' score kan het zinvol zijn om hiermee aan de slag te gaan, om de kans te verkleinen dat hun rouwreacties over een tijdje alsnog toenemen of intensiveren. Over de achtergrond van het duale procesmodel kun je lezen in hoofdstuk 2.

Doel

Deze oefening voer je samen uit met je cliënten. Het doel is om hun rouwreacties te normaliseren, meer bewustzijn te creëren over hoe rouw er voor hen uitziet en om te voorkomen dat zij hun eigen rouwreacties als abnormaal bestempelen.

Uitleg voor je cliënt

Leg je cliënt uit dat rouwen om baanverlies normaal is en dat iedereen dit op zijn eigen manier doet. Beschrijf het duale procesmodel met de verlies- en herstelkant, en benadruk dat pendelen tussen beide kanten gezond is. De uitgebreide omschrijving over hoe je het duale procesmodel aan je cliënten kunt uitleggen, staat in hoofdstuk 8 bij 'psycho-educatie'.

Instructies voor je cliënt

1. De meeste mensen hebben een voorkeur voor de verlies- of de herstelgerichte kant. Schrijf voor jezelf op bij welke kant jij je het meest comfortabel voelt en waarom.
2. Als een meer 'verliesgericht' persoon praat met een meer 'herstelgericht' persoon, kan dat al snel leiden tot miscommunicatie en onbegrip. Als je echter weet wat jouw voorkeur is en wat de voorkeur is van je gesprekspartner, dan kun je 'er boven gaan hangen' en van elkaar leren. Noteer: wie in jouw omgeving kiest eerder voor de verliesgerichte of juist de herstelgerichte benadering dan jij? En waar merk je dat aan?
3. Binnen het duale procesmodel is het belangrijk dat je heen en weer kunt bewegen tussen beide kanten. Maak een lijstje met activiteiten die je kunt ondernemen om de verliesgerichte kant te activeren en doe hetzelfde voor de herstelgerichte kant. Denk hierbij klein: muziek luisteren, wandelen, theedrinken met vriend(in), douchen, enzovoort. Hoe langer je beide lijsten maakt, hoe beter, zodat je kunt variëren in de activiteiten als je daar behoefte aan hebt.
4. Als je wilt, deel deze activiteiten met mij, zodat we ze ook kunnen inzetten tijdens je re-integratietraject.

Valkuilen

Cliënten vinden het soms lastig om activiteiten te verzinnen. Zorg dat je zelf een lijstje achter de hand hebt, zodat je ze kunt helpen om uit te zoeken welke activiteiten bij hen passen. Je zult merken dat veel activiteiten zowel aan de verlieskant als aan de herstelkant kunnen staan. Zo kun je muziek prima gebruiken om de pijn te voelen van het baanverlies, maar ook om jezelf op te peppen om nieuwe plannen te maken voor de toekomst.

Literatuurtip

Als je meer oefeningen rondom rouw wilt inzetten, lees dan *Ieder zijn rouw* van Ellen Dreezens (2023). Zij heeft een handboek geschreven voor coaches met vele behulpzame rouwoefeningen.

Oefening – Brulbrief

Dit is een krachtige oefening als je cliënten last hebben van boosheid richting de werkgever, een HR-medewerker, een collega, de bedrijfsarts, enzovoort. Dit is een oefening ter ontlading. Op deze wijze kunnen je cliënten woorden en bestaansrecht geven aan hun boosheid, zodat ze die daarna gemakkelijker kunnen loslaten en hun focus kunnen verleggen naar andere zaken.

Doel

Deze oefening geef je als huiswerkopdracht mee aan je cliënten. Het doel is dat zij helder krijgen waar hun boosheid zit en wat daaronder ligt, zodat ze meer afstand kunnen nemen van hun boosheid en deze zo hopelijk meer kunnen loslaten.

Uitleg voor je cliënt

Boosheid kan een lastige emotie zijn, omdat het met de tijd kan groeien en een negatieve invloed op jezelf kan hebben. Soms wordt de persoon op wie je boos bent een karikatuur, wat het gemakkelijker maakt om boos te blijven.

Boosheid kan als vergif werken. Als je probeert om de ander pijn te doen door boos te blijven, schaadt dat vooral jezelf. De ander is zich vaak niet bewust van jouw boosheid.

Dit zie je vaak bij conflicten op je werk of in re-integratietrajecten. Je voelt je onbegrepen en weet niet goed wat je met je boosheid aan moet. Het schrijven van een 'brulbrief' kan daarbij helpen, mits je enkele regels volgt. In deze brulbrief schrijf je wat er is gebeurd waardoor deze persoon jou zo gekwetst heeft en wat jou zo boos maakt.

Instructies voor je cliënt

1. Schrijf je brulbrief aan één persoon. Als je boos bent op meerdere mensen, schrijf dan voor elk van hen een aparte brulbrief.
2. Schrijf de brulbrief vanuit jouw perspectief, dus gebruik de woorden 'ik' en 'mij'.
3. Maak het persoonlijk en specifiek. Praat niet over politiek of andere mensen; het draait om jou en de persoon op wie je boos bent.

4. Beschrijf concrete situaties en wat hun invloed is op jou.
5. Schrijf vanuit je hart. Wat heeft het met jou gedaan? Wat heeft die ander gedaan dat jou zo heeft gekwetst?
6. Schrijf de vragen op die je niet hebt kunnen stellen en de woorden die je niet hebt kunnen uitspreken. Deze gedachtes blijven anders in je hoofd rondspoken.
7. Schrijf de brief met de hand en niet op de computer. Dan is de impact veel groter.
8. Je bepaalt zelf de lengte van jouw brulbrief. Zodra je het gevoel hebt dat je alles hebt gezegd wat je wilde zeggen, dan is je brief klaar.
9. Postzegel verboden. Je schrijft deze brief voor jezelf en je stuurt hem niet op.

Vervolg

Vraag je cliënten om hun brulbrief met jou te delen. Als ze dat lastig vinden, kunnen ze hem ook met iemand anders delen die ze vertrouwen. Hierbij is het belangrijk dat dit een empathisch persoon is, want je wilt geen olie op het vuur gooien. Kijk bij het bespreken van de brulbrief samen of de belangrijkste punten erin staan en of je kunt ontdekken wat er onder de boosheid ligt. Vaak zijn dat gedachtes en gevoelens als 'ik voel me in de steek gelaten', 'ik voel me verraden' of 'ik voel me niet gezien'. Help je cliënten daarna om te bedenken wat zij met hun brulbrief willen doen. Raad ze met klem af om hem te bewaren, want dit is een ontladingsoefening. Je cliënten kunnen de brief begraven, verbranden of verscheuren. Ze kunnen veel dingen doen met papier. Hoe belangrijker ze dit ritueel maken, hoe meer impact het heeft.

Valkuilen

Let erop dat je cliënten de situaties concreet en bij zichzelf houden. Je wilt niet dat je cliënten verzanden in termen als 'altijd' of 'nooit', of dat ze er bijvoorbeeld de hele politiek bij slepen. Dat werkt namelijk averechts en dan worden ze nog bozer.

Oefening – Maak een playlist

Deze oefening is handig als je cliënten vaak worden overvallen door hun emoties en ze soms het gevoel hebben dat deze emoties hun te veel worden. Het maken van een playlist is een speelse oefening waarin je cliënten leren om hun emoties beter te reguleren. Deze oefening heeft nog meer impact als je de playlist daarna met ze bespreekt. Denk aan: waarom moeten nummer X en Y op de lijst staan? Deze informatie geeft je ook handige handvatten om later op terug te komen. Bijvoorbeeld, als je cliënten er even doorheen zitten, kun je ze aan die ene artiest of dat ene liedje herinneren.

Doel

Deze oefening geef je aan cliënten als huiswerkopdracht. Het doel is dat zij leren om hun emoties makkelijker te reguleren, zodat zij minder snel overspoeld raken door hun emoties.

Uitleg voor je cliënt

Muziek is belangrijk in ons leven en kan herinneringen oproepen. Weet je nog op welk liedje je voor het eerst danste met je grote liefde? Of welk nummer je doet denken aan die ene fijne vakantie?

Je kunt muziek gebruiken om je gevoelens te beïnvloeden. Maak een lijst met liedjes die je helpen als je boos of verdrietig bent. Hiermee kun je jezelf toestaan om even in je emotie te blijven en daarna kun je weer verdergaan met je dagelijkse bezigheden. Dit kan je helpen om beter met je emoties om te gaan, zonder dat je bang hoeft te zijn dat je jezelf verliest in de emoties of dat je er door overspoeld raakt.

Instructies voor je cliënt

Om makkelijk te beginnen, maak een playlist met al je favoriete nummers. Muziek waar je vrolijk van wordt.

- Je kunt een playlist creëren op bijvoorbeeld Spotify* of YouTube**.
- Wil je beide opties niet gebruiken? Dan kun je ook je cd- of elpeeverzameling erbij pakken en een stapeltje maken van je favoriete cd's of elpees. Welke nummers of albums heb je al lang niet meer geluisterd?

* Hier staan instructies voor het creëren van een Spotify-lijst: https://support.spotify.com/nl/article/create-playlists/.

** Hier staan instructies voor het creëren van een YouTube-lijst: https://www.frankwatching.com/archive/2007/11/07/youtube-tips-tricks-embedded-playlists/.

Deel 1

Zoek je favoriete nummers uit en vergeet daarbij niet om ze ook te luisteren, mee te zingen en door de kamer te dansen. Gegarandeerd dat jij je daarna lekker en energiek voelt. Maak een lijst met je favoriete nummers en bewaar deze voor moeilijke of spannende momenten, zodat je jezelf kunt oppeppen.

Deel 2

Als je de eerste oefening fijn vindt, kun je een lijst maken met enkele nummers of artiesten die je kunt draaien als je boos of verdrietig bent. Spreek met jezelf af hoe lang je hiernaar wilt luisteren, bijvoorbeeld vijftien minuten of drie nummers. Door in een beperkte tijd ruimte te maken voor je emoties, verklein je de kans dat je er door overspoeld raakt en neemt de intensiteit langzaam af. Door een eindtijd af te spreken, verklein je de kans dat je in de muziek en de emotie 'verdwijnt'. Je kunt het zien als een soort rem. Ga hiermee experimenteren en kijk welke muziek voor jou het beste werkt en wat jij fijn vindt. Wat je bij deze oefening kan helpen, is om na de vijftien minuten of drie nummers juist een nummer te draaien dat je weer in een vrolijke(re) stemming brengt.

Als je eraan toe bent om te gaan solliciteren, kun je voor jezelf ook een 'sollicitatielijst' maken met nummers waardoor jij lekker in je vel komt te zitten en/of waardoor jij denkt 'Ik kan dit!' Dit kan bijvoorbeeld doordat de artiest veel zelfvertrouwen heeft, waar jij je aan kunt optrekken, of doordat je fijne herinneringen hebt aan een bepaald nummer. Probeer het eens uit en kijk wat voor jou werkt.

Valkuilen

Als je cliënten niet zo digitaal vaardig zijn, raad ze dan af om een digitale playlist te maken op Spotify of YouTube om te voorkomen dat ze gefrustreerd raken door de techniek. Old school met albums en een lijst op papier werkt ook prima.

Stimuleer je cliënten als ze een playlist maken voor een bepaalde emotie, om ook echt een eindtijd af te spreken en zich hieraan te houden. Je wilt dat ze op een speelse manier leren hoe ze zelf beter hun emoties 'aan' en 'uit' kunnen zetten en zonder een eindtijd is het veel moeilijker om dit te bereiken.

Oefening – Ontpiekeren

Deze oefening is een aanrader als je cliënten zich vaak zorgen maken en piekeren. Het is een laagdrempelige manier om je cliënten uit hun hoofd en terug in hun lijf te krijgen.

Doel

Je kunt deze oefening als huiswerkopdracht meegeven, maar je kunt hem ook prima een keer samen uitproberen. Het doel is tweeledig: je cliënten bewust maken van wanneer zij piekeren, en hen laten ervaren dat ze iets kunnen doen om het piekeren te stoppen.

Uitleg voor je cliënt

Piekeren kost veel energie, omdat we ons vaak zorgen maken over problemen of dingen die misschien niet zullen gebeuren. Deze gedachtes blijven maar doorgaan en het is moeilijk om ermee te stoppen. Piekeren zorgt ervoor dat je niet in het heden leeft, maar gevangen raakt in 'wat als'-gedachtes.

Vaak pieker je uit angst voor het onbekende of omdat je controle wilt behouden. Het kan ook voortkomen uit een gevoel van kwetsbaarheid en machteloosheid. Piekeren is een vorm van angst en kan verschillende vormen aannemen, zoals zelfkritiek, perfectionisme en de behoefte aan controle. Helaas lost piekeren geen problemen op en voel je je er vooral ellendig door. Deze oefening helpt om minder te piekeren en meer controle te krijgen over je gedachtes.

Instructies voor je cliënt

Als je merkt dat je piekert, kun je deze eenvoudige oefening proberen. Hij werkt verrassend goed. Piekeren en balansoefeningen gaan niet samen. Dus als je aan het piekeren bent, ga dan op één been staan en probeer zo lang mogelijk in balans te blijven. Wissel van been, omdat het ene been moeilijker is dan het andere. Beweeg het opgetilde been, draai er cirkels mee en strek het zover naar achteren als je kunt. Probeer het ook eens op blote voeten. Je zult merken dat elke keer als er een piekergedachte opkomt, je begint te wiebelen. Breng dan rustig je aandacht terug naar de oefening en probeer het opnieuw.

Alternatieven

Als staan en balanceren niet haalbaar is voor je cliënten, ga dan samen onderzoeken wat werkt en wel haalbaar is. Denk aan op je blote voeten door het gras lopen, een hete kop thee of juist een ijsklontje vasthouden, je huisdier knuffelen, enzovoort. Het doel is dat ze iets kiezen waardoor ze terug in hun lijf en in het hier-en-nu komen. Piekeren gaat over wat er is geweest of wat er misschien komen gaat, maar niet over het nu. Het werkt het beste als je cliënten iets gaan doen, want je hoofd via je hoofd proberen uit te zetten is verdraaid lastig.

Als je cliënten 's nachts veel last hebben van piekeren, is het natuurlijk lastig om op één been te gaan staan. Alternatieven die dan kunnen helpen, zijn: een korte bodyscan, in gedachten alle stappen doorlopen om een appeltaart te bakken of bewust luisteren naar alle geluiden die buiten te horen zijn. Op deze wijze kunnen je cliënten zichzelf afleiden van hun piekergedachtes en terugkomen in het hier-en-nu.

Valkuilen

Piekeren is aangeleerd gedrag. Soms hebben je cliënten nog niet door dat ze aan het piekeren zijn en scharen ze het onder de noemer nadenken of analyseren. Situaties herkauwen, doemscenario's voor de toekomst bedenken en gedachtes als 'Wat zal die ander wel niet van mij denken', zijn piekergedachtes en niet constructief.

Je wilt dat je cliënten leren 1) om bij zichzelf piekergedachtes te herkennen en 2) welke activiteiten helpen om te stoppen met piekeren. Als een probleem om een concrete oplossing vraagt, help je cliënten dan om een plan te maken of hulpbronnen in te schakelen in plaats van te piekeren. Zeker in tijden van onzekerheid – zoals rond de WIA-aanvraag bij je Spoor 2 kandidaten – zijn je cliënten sterk geneigd om te gaan piekeren, want onzekerheid en onduidelijkheid zijn helaas ideaal piekervoer.

Oefening – Dankbaarheid

Deze oefening is geschikt als je cliënten soms vergeten om stil te staan bij wat ze wel hebben en geneigd zijn om hun focus te leggen op wat er niet is. Dit is iets wat je vaak ziet in tijden van verlies en rouw.

Veel cliënten vinden dit in het begin een moeilijke oefening. Ze hebben aanmoediging nodig om dit te gaan doen en om het vol te houden. Het helpt als ze een mooi boekje of schrift kopen voor deze oefening, zodat het meer 'cachet' krijgt. Het fijne daarvan is dat je cliënten op lastige momenten of donkere dagen terug kunnen lezen in hun boekje en steun en houvast kunnen vinden in hun eigen woorden.

Soms vinden cliënten het woord 'dankbaar' ingewikkeld. Je kunt ook 'blij', 'positief' of 'fijn' gebruiken als dat beter aansluit. Het gaat erom dat je cliënten leren zien dat er ook fijne dingen zijn en dat zware dingen beter verdraagzaam zijn als ze ook de lichtpuntjes kunnen zien.

Doel
Deze oefening geef je mee als huiswerkopdracht. Het doel is dat je cliënten bewuster stilstaan bij en ervaren wat er aan mooie en fijne dingen gebeurt in hun leven. Zo ontstaat er ruimte voor licht, naast het donker van alle dingen die nu moeilijk zijn.

Uitleg voor je cliënt
Dankbaarheid is een krachtige emotie. Het is een goede remedie tegen doemdenken en piekeren. Het geeft je vertrouwen en stevige grond onder je voeten. Het helpt je om je bewust te worden van alle positieve en ondersteunende dingen die elke dag gebeuren. Het doorbreekt je denkpatroon en kan je leven veranderen als je dit regelmatig doet.

Instructies voor je cliënt
Schrijf gedurende minimaal een week aan het einde van de dag minstens drie dingen op die op die dag zijn gebeurd en waar je dankbaar voor bent: 'Ik ben dankbaar voor ...'

Om de oefening nog meer impact te geven, kun je aan het einde van de week je lijst voorlezen aan iemand die dicht bij je staat.

Wanneer je dit voor de eerste keer doet, is het normaal dat je denkt dat het moeilijk is om elke dag drie dingen op te schrijven waar je dankbaar voor bent. De kans is groot dat je jezelf zult verbazen en dat je lijst langer is dan je vooraf had bedacht. Alsof ineens je oogkleppen afvallen en je ziet wat voor mooie en fijne dingen gebeuren in je leven, naast de donkere momenten.

Valkuilen

Je cliënten zullen deze oefening meerdere dagen, en liefst meerdere weken, moeten uitproberen voordat ze de impact voelen. Dit betekent dat de kans op vroegtijdig afhaken groot is en ze er weer een teleurstelling bij krijgen: 'Zie je wel, dit kan ik ook niet.' Bespreek daarom met je cliënten om een vast moment in hun dag in te bouwen, zoals na het avondeten of voor het slapen gaan.

Literatuurtip

Als je meer oefeningen over dankbaarheid of vanuit de positieve psychologie wilt inzetten, lees dan *Optimisme, hoop, veerkracht, zelfvertrouwen* van Matthijs Steeneveld (2017).

Oefening – Zelfcompassie

Deze oefening is geschikt als je cliënten streng voor zichzelf zijn of moeite hebben om mild(er) naar zichzelf te kijken. Het helpt hen om zelfcompassie te ontwikkelen en te leren omgaan met moeilijke momenten, zonder zelfkritiek.

Zelfcompassie bestaat uit drie componenten:

- *Zelfvriendelijkheid.* Dit houdt in dat je jezelf met dezelfde warmte, zorg en begrip behandelt als je zou doen bij een goede vriend, in plaats van jezelf te veroordelen of te bekritiseren als er iets misgaat.
- *Erkenning van gedeelde menselijkheid.* Dit gaat erover dat lijden, fouten maken en worstelen onderdeel zijn van het mens-zijn. Iedereen, ongeacht wie ze zijn, maakt weleens fouten en ervaart tegenslag. Hier bewust bij stilstaan helpt om weer verbinding te voelen met anderen en de wereld, en je minder geïsoleerd en eenzaam te voelen in je pijn.
- *Mindfulness.* Dit is de kunst van het je bewust zijn van wat er in het moment gebeurt, zonder oordeel. Dat is makkelijker gezegd dan gedaan. In het kader van zelfcompassie probeer je pijnlijke emoties en gedachtes met een open en nieuwsgierige blik waar te nemen, zonder dat je erin wordt meegezogen of ze negeert.

Hier wordt vaak nog een vierde component aan toegevoegd, namelijk *praktische zelfzorg*. Dit gaat over het ondernemen van concrete acties om voor onszelf te zorgen in moeilijke tijden. Dit kan betekenen dat we gezonde grenzen stellen, tijd nemen voor rust en herstel, of onszelf toestaan om emoties te voelen en verwerken.

Doel

Je geeft deze oefening mee als huiswerkopdracht. Het doel is dat cliënten leren om milder met zichzelf om te gaan en hun gedrag minder te veroordelen, juist in moeilijke situaties.

Uitleg voor je cliënt

Zelfcompassie betekent dat je net zo vriendelijk en begripvol voor jezelf bent als je zou zijn voor een goede vriend(in). Vaak zijn we veel strenger voor onszelf dan voor anderen, zeker in tijden van stress, rouw of onzekerheid. Zelfcompassie kan je helpen om je beter te voelen over jezelf en je situatie, juist op moeilijke momenten. Een laagdrempelige manier om hier mee te oefenen, is met het zelfcompassie-mantra.

Instructies voor je cliënt

Een zelfcompassie-mantra bestaat uit de volgende onderdelen:

1. Begin met het benoemen van wat je op dit moment voelt.
2. Erken dat dit bij het leven hoort.
3. Erken dat andere mensen dit ook ervaren.
4. Erken dat dit nog vaker kan voorkomen.
5. Kijk wat je nu kunt doen om goed voor jezelf te zorgen.

Hieronder staat een format voor een zelfcompassie-mantra. Dit kun je gebruiken om er een voor jezelf te maken, door het gevoel of de gedachte waar jij last van hebt in te vullen op de puntjes.

Dit is een moment van ... [vul je gevoel of gedachte in]
... horen bij het leven.
Ook andere mensen ervaren ...
En ook ik zal nog weleens ... ervaren.
Wat kan ik nu doen voor mezelf, al is het maar voor één minuut?

Valkuilen

Je cliënten kunnen het in het begin lastig vinden om deze woorden te zeggen en te voelen. Dit komt vaak doordat ze gewend zijn om kritisch te zijn en moeite hebben met zelfcompassie. Het is belangrijk om te benadrukken dat zelfcompassie een vaardigheid is die je kunt oefenen en ontwikkelen. Moedig hen aan om hun zelfcompassie-mantra regelmatig te gebruiken, vooral op moeilijke momenten, zodat het geleidelijk aan meer natuurlijk aanvoelt.

Oefening – Ontdek wie je bent

Deze oefening is geschikt als je cliënten zich sterk identificeren met hun baan. Het helpt ze om te zien dat zij meer zijn dan hun werk.

Doel

Je kunt deze oefening samen met je cliënten doen. Het doel is dat zij zien dat zij meer zijn en meer rollen vervullen dan alleen de baan die zij verloren hebben.

Uitleg voor je cliënt

Je bent meer dan de baan die je verloren bent. In ons leven vervullen we verschillende rollen, zoals partner, ouder, vriend, vrijwilliger of collega. Elke rol brengt unieke kwaliteiten in jou naar boven en deze kwaliteiten maken je tot wie je bent. Het kan soms moeilijk zijn om deze andere rollen te zien als je sterk gericht bent op je werk. Daarom gaan we samen kijken naar al die andere rollen die je in je leven hebt en welke kwaliteiten jij in die rollen waardeert.

Instructies voor je cliënt

1. Maak een lijst van alle sociale rollen die je in je leven vervult. Denk hierbij niet alleen aan werk, maar ook aan rollen zoals partner, ouder, vriend, vrijwilliger, buur, enzovoort.

2. Noteer naast elke rol de kwaliteiten die je in jezelf waardeert wanneer je die rol vervult. Bijvoorbeeld: als ouder kun je kwaliteiten zoals 'geduldig' en 'zorgzaam' opschrijven, en als vriend(in) wellicht 'betrouwbaar' en 'steunend'.
3. Als je klaar bent, kijk dan naar je lijst. Laat dit even op je inwerken. Zie je hoeveel verschillende kanten je hebt? Besef dat al deze kwaliteiten samen bijdragen aan wie jij bent en dat je meer bent dan alleen je werkrol.

Als je de oefening nog meer impact wilt geven, kun je dit als vervolg doen:

4. Teken een cirkel en deel deze op in alle sociale rollen die je vervult.
5. Geef per onderdeel aan hoeveel tijd, energie en emotionele investering je aan deze rol besteedt.
6. Zijn er rollen die te veel of te weinig aandacht krijgen? Klopt de balans voor jou?
7. Wat zou er met je zelfbeeld gebeuren als een van deze rollen zou wegvallen?

Valkuilen

Het kan zijn dat je cliënten in eerste instantie moeite hebben om andere rollen te identificeren, omdat ze zo gericht zijn op hun werk. Het is belangrijk om ze aan te moedigen om verder te kijken en ook kleinere, misschien minder voor de hand liggende rollen te overwegen. Het kan helpen om voorbeelden te geven of samen te brainstormen over alle mogelijke rollen die ze in hun leven hebben.

Oefening- Anders kijken

Deze oefening is geschikt als je cliënten (door hun huidige situatie) niet meer goed weten wie ze zijn en wat belangrijk voor ze is. Ze gaan een week lang foto's maken van zaken die hun waardes symboliseren, om helder te krijgen wat belangrijk voor hen is.

Voor cliënten die op een nare manier hun baan zijn verloren of bij wie de communicatie met de werkgever is verstoord, zullen waardes als transparantie, eerlijkheid en rechtvaardigheid vaak hoog in het vaandel staan. Dat betekent dat organisaties waarbij veel top-down wordt gewerkt met een sterke hiërarchie waarschijnlijk minder passend zijn, omdat openheid over beleid en besluiten wellicht minder vanzelfsprekend is. Mensen uit de zorg hebben vaak verbinding, dienstbaarheid en compassie als belangrijke waardes. Kijk samen of je andere functies kunt bedenken die aansluiten bij deze waardes. En als het niet binnen werk kan, wat is er dan binnen hun privéleven of vrijwilligerswerk mogelijk?

Doel

Je geeft deze oefening als huiswerkopdracht mee. Het doel is dat je cliënten meer zicht krijgen op hun waardes en hoe een waardevol leven er voor hen uitziet.

Uitleg voor je cliënt

Soms hangen we onze identiteit op aan allerlei dingen en worden we er afhankelijk van. Maar als je alles wegneemt, ben je nog steeds jezelf. Zelfs als je je baan verliest, faalt of wordt afgewezen, blijf je wie je bent. Het is normaal dat deze gebeurtenissen je beïnvloeden, maar je kern blijft hetzelfde.

In deze oefening ga je op onderzoek uit. Wat is echt belangrijk voor jou? Wat zijn jouw waardes in het leven? Waardes zijn geen doelen die je kunt bereiken en afvinken. Ze zijn als een kompas dat richting geeft aan jouw leven. Voorbeelden van waardes zijn eerlijkheid, liefde, vertrouwen en vrijheid.

Deze oefening helpt je om bewust stil te staan bij wat belangrijk voor je is in het leven, door dagelijkse momenten anders te bekijken.

Instructies voor je cliënt

Pak je telefoon of camera erbij. Maak de aankomende week elke dag minimaal één foto van iets wat je leven waardevol maakt, wat jij belangrijk vindt en wat je leven zin geeft. Het gaat hierbij niet om de perfecte foto, maar om waar deze foto voor staat. Je kunt hiervoor je fotocamera of de camera op je telefoon gebruiken. Doe dit zeven dagen en probeer uiteindelijk in totaal negen tot twaalf foto's te maken.

Zet de foto's aan het einde van deze week op een rij. Beschrijf per foto waar deze foto voor staat en wat hierin voor jou zo waardevol is. Welke waarde reflecteert deze foto voor jou? Je krijgt zo een overzicht van de waardes die jij belangrijk vindt in je leven.

Als je wilt, kun je de foto's en jouw waardes ook delen met mij, zodat het een plek kan krijgen in je re-integratieproces en zoektocht naar passend werk.

Valkuilen
Veel cliënten vinden dit een fijne oefening, omdat het ze helpt om helder te krijgen wat echt belangrijk voor ze is en waar ze hun focus op willen leggen. Soms is het voor hen nog lastig om foto's van de oefening te vertalen naar waardes en om daarna de link te leggen naar organisaties en functies. Daar hebben ze jouw hulp bij nodig.

De meeste cliënten krijgen positieve energie van deze oefening. Maar voor sommige cliënten is deze oefening niet concreet genoeg of te abstract. Ze vinden het fijner om (eerst) uit een lijst van waardes te kiezen welke waardes belangrijk voor hen zijn.

Literatuurtip
Deze oefening is gebaseerd op het gedachtegoed van de Acceptance and Commitment Therapy (ACT). Als je meer oefeningen wilt inzetten op het gebied van waardes, lees dan *Het ACT basisboek* van Gijs Jansen (2023).

Oefening – Plan van aanpak

Deze oefening is een vervolg op de 'anders kijken'-oefening. Dit helpt je cliënten om meer volgens hun waardes te leven. Ze oefenen om bewust stil te staan bij (lastige) situaties en bedenken hoe ze gedrag kunnen laten zien dat aansluit bij hun waardes – bijvoorbeeld mededogen of authenticiteit. Ze leren om ruimte te maken voor belemmerende gedachtes, want meer in lijn leven met je waardes is spannend en moeilijk. En met alle belemmerende gedachtes te bedenken wat nodig is om het toch te doen.

Als je cliënten eraan toe zijn om te gaan solliciteren, kun je deze oefening ook toepassen op sollicitatieactiviteiten, mits jij en je cliënten een passende waarde kunnen achterhalen – zoals onafhankelijkheid of sociale status. Bijvoorbeeld: 'Ik wil onafhankelijk blijven, daarvoor heb ik werk nodig en dat betekent dat ik nu werk moet gaan zoeken, ook al vind ik dat moeilijk.'

Doel
Je kunt deze oefening als huiswerkopdracht meegeven of samen uitvoeren. Het doel van deze oefening is dat je cliënten leren hoe ze vaker gedrag kunnen laten zien dat aansluit bij hun waardes, juist als het moeilijk is.

Uitleg voor je cliënt
Investeren in jezelf kost energie en vraagt om zelfcontrole en discipline. We hebben echter niet eindeloos veel zelfcontrole; op een gegeven moment is het op. Dan ontstaat er een kloof tussen je plannen en wat je daadwerkelijk doet ('de goede voornemens').

Een plan van aanpak kan je helpen om je voornemens om te zetten in actie. Het zorgt ervoor dat je je plannen gemakkelijker kunt uitvoeren door ze vooraf op te stellen.

Een plan van aanpak bestaat uit drie stappen:
1. Bepalen in welke situatie je actie gaat ondernemen.
2. Bepalen welk concreet gedrag je wilt gaan inzetten om aan je voornemen te werken.
3. Bepalen wat je met deze actie wilt bereiken en in welke waarde je wilt investeren.

Stel, ik heb een vriendin al een tijdje niet gesproken en dat vind ik jammer. Mijn plan van aanpak zou dan kunnen zijn om volgende week met haar te gaan lunchen. Tijdens de lunch wil ik vragen stellen en haar alle ruimte geven om te vertellen hoe het met haar gaat, met als doel om te werken aan de waarde 'verbinding'.

Instructies voor je cliënt
Hieronder staan de stappen omschreven om je eigen plan van aanpak op te stellen. Noteer bij elke stap je antwoorden. Je kunt deze oefening zo vaak herhalen als je wilt.

1. In de volgende situatie wil ik mijn voornemen uitvoeren (waar en wanneer).
2. Mijn voornemen is (wat ga je doen).

3. Ik wil dit doen om in mijn volgende waarde te investeren (waarom).
4. Hoe sterk is nu je voornemen om je plan van aanpak te gaan uitvoeren?
5. Van 1 (zeker niet uitvoeren) tot 5 (zeker wel uitvoeren).

Met een plan van aanpak kun je als het ware nieuw gedrag inprogrammeren en zorg je ervoor dat het niet alleen blijft bij goede voornemens, maar dat je ook daadwerkelijk actie onderneemt. Je maakt hierbij gebruik van de omgeving als reminder, door de situatie te omschrijven waarin je dit gedrag wilt laten zien.

Valkuilen
Je cliënten kunnen een mooi plan van aanpak uitwerken, maar het uitvoeren is een tweede. Spreek daarom af wanneer je cliënten van plan zijn om het te gaan proberen en kom hier in de volgende afspraak op terug. En als het niet is gelukt, kijk dan wat nodig is om de drempel te verlagen en welke extra hulpbronnen er kunnen worden ingezet, zodat het de volgende keer wel lukt.

Literatuurtip
Deze oefening is ook gebaseerd op de ACT. Als je meer actiegerichte oefeningen wilt inzetten voor jouw cliënt, lees dan *Het ACT basisboek* van Gijs Jansen (2023).

Vertel ik het wel of vertel ik het niet?

Ik had je beloofd om na alle interventies het werk te delen van Kim Janssens en haar collega's. De bevindingen van hun onderzoek kun je namelijk ook als interventie inzetten, als je cliënten in de fase zijn van netwerken en solliciteren.

Hun onderzoek richt zich op het 'openheidsdilemma', oftewel de keuze of cliënten wel of niet open zijn over hun psychische klachten tijdens hun zoektocht naar werk. Dit dilemma is complex omdat zowel openheid als geslotenheid voor- en nadelen hebben. Openheid kan leiden tot begrip, betere werkrelaties en noodzakelijke aanpassingen. Het risico is echter stigma en discriminatie, wat carrièrekansen kan beperken. Niets zeggen kan deze negatieve gevolgen voorkomen, maar kan ook leiden tot uitval omdat je cliënten zich niet kunnen uiten of essentiële ondersteuning missen. De beslissing om wel of niet open te zijn heeft dus verstrekkende gevolgen voor het welzijn en de loopbaan van je cliënten (Brouwers et al., 2020).

Janssens en haar collega's (2024) hebben onderzoek verricht naar de invloed van stigma op psychische klachten tijdens de zoektocht naar werk. Hiervoor hebben zij 153 werkloze mensen willekeurig opgedeeld in twee groepen: een experimentele groep ($n = 76$) en een controlegroep ($n = 77$). De interventie was eenvoudig maar doeltreffend: zowel de werkzoekenden als hun re-integratiebegeleiders in de experimentele groep werden bewuster gemaakt van het bestaan van stigma en discriminatie. Ze leerden het belang inzien van zorgvuldig afwegen wat wel en niet te delen over psychische aandoeningen in de werkomgeving. De re-integratieprofessionals kregen een training waarin ze leerden een 'beslishulp' in te zetten om dit proces te ondersteunen. Het effect van deze bewustwording werd gemeten door voorafgaand aan de training en drie, zes en twaalf maanden later te kijken wie van de deelnemers aan het werk is en wie nog niet of niet meer.

De resultaten van hun onderzoek zijn indrukwekkend. Na zes maanden hadden de mensen uit de experimentele groep beduidend vaker werk gevonden (51 procent) dan de mensen uit de controlegroep (26 procent). Na twaalf maanden hadden meer mensen uit de experimentele groep werk behouden (49 procent) dan de mensen uit de controlegroep (23 procent). Dat is toch ongelofelijk?

De betrokken re-integratieprofessionals van de experimentele groep zijn met de deelnemers in gesprek gegaan over hun psychische klachten: wil ik het vertellen, wat wil ik vertellen, aan wie wil ik het vertellen en wanneer wil ik het vertellen? Deze vragen en tips om dit te bespreken, staan omschreven in de beslishulp. Hierbij maakte het niet uit of de mensen ervoor kozen om het wel of niet te delen; alleen al erover nadenken en hier bewust een keuze in maken, zorgde voor deze indrukwekkende resultaten.*

* Kim Janssens heeft een filmpje opgenomen waarin ze dit onderzoek kort en begrijpelijk uitlegt. Dit kun je gebruiken als je het onderzoek aan je cliënten wilt uitleggen: https://www.youtube.com/watch?v=iSyfJIihyN4.

Jij kunt deze beslishulp ook gebruiken in de begeleiding van je cliënten. Je kunt de beslishulp vinden onder de naam CORAL 2.0. De link verandert soms, maar als je CORAL 2.0 in Google typt kun je de site gemakkelijk vinden.

Ik ben ervan overtuigd dat de beslishulp breder inzetbaar is dan alleen voor psychische klachten en dat je hem bijvoorbeeld ook kunt gebruiken bij onzichtbare ziektes – zoals longcovid en fibromyalgie. En ja, uiteraard zijn de vragen uit de beslishulp ook een fijne kapstok om met je cliënten in gesprek te gaan over hun rouwreacties door het verlies van hun baan. Ik zoek met cliënten vaak zinnen die dicht bij de waarheid liggen, die niet te gedetailleerd zijn en die zij zonder emotie kunnen uitspreken, zodat zij kunnen vertellen over hun verloren baan zonder een brok in hun keel of boosheid in hun stem. Bijvoorbeeld: 'Mijn oude baan is sterk veranderd de afgelopen jaren, waardoor het meer om administratie dan om de cliënten leek te draaien. Daarom ben ik nu op zoek naar iets anders.' Het helpt om een paar van die zinnen paraat te hebben, zodat ze tijdens het gesprek niet naar woorden hoeven te zoeken. Het is belangrijk voor je cliënten om vooraf na te denken over: wat wil ik vertellen over wat er gebeurd is, aan wie, hoe en wanneer? Dat geeft ze een sterker gevoel van regie en vergroot hun kans op duurzaam werk. Daarnaast laat onderzoek zien dat werkgevers vooral willen horen dat iemand in staat is om het werk te doen (Janssens et al., 2021). Zeker bij Spoor 2 trajecten lijken zowel de professionals als kandidaten eerder geneigd om de nadruk te leggen op wat er allemaal *niet* kan. Denk daarom goed na over wat je wel en niet deelt, wanneer en met wie je het deelt, en leg de nadruk op wat je cliënten te bieden hebben.

Als je cliënten klaar zijn om actief op zoek te gaan naar passend werk, dan is *Jobmarketing 3.0* van Aaltje Vincent (2023) een waardevol naslagwerk. Naast praktische tips voor het opstellen van een sterk cv, behandelt zij ook profilering via sociale media, het belang van netwerken en strategisch solliciteren.

Als je meer wilt lezen over hoe je cliënten het beste kan begeleiden tijdens een Spoor 2 traject, lees dan *In 10 stappen een succesvolle 2e-spoorcoach* van Eliane van Beukering (2021).

Take-aways

- Je kunt diverse interventies inzetten als je cliënten last hebben van gecompliceerde rouwreacties na baanverlies.
- Het duale procesmodel, de brulbrief, de playlist en zelfcompassie helpen je cliënten om minder snel overspoeld te raken door hun emoties.
- Nuttige activiteiten, ontpiekeren en een dankbaarheidsdagboek zijn fijne remedies tegen piekeren en doemdenken.
- Ontdek wie je bent, anders kijken en een plan van aanpak helpen je cliënten om meer in lijn met hun waardes te leven.
- De beslishulp kan je cliënten helpen bij het bewust omgaan met stigma en het bespreekbaar maken van hun situatie, als zij daarvoor kiezen.
- Zorg dat de interventies aansluiten bij de behoefte van je cliënten en zet ze in overleg in.

Reflectievragen

1. Hoe introduceer jij het duale procesmodel bij je cliënten en hoe begeleid je hen in het balanceren tussen verlies- en herstelgerichte activiteiten?
2. Wat voor interventies werken voor jou goed als je cliënten sterk emotioneel zijn en daar last van hebben?
3. Welke interventies zet jij in als je cliënten veel piekeren?
4. Hoe ga je om met cliënten die moeite hebben om hun waardes te identificeren?
5. Wanneer zou jij de beslishulp – CORAL 2.0 – inzetten bij je cliënten?
6. Welke technieken gebruik je om de effectiviteit van je interventies te evalueren en bij te sturen indien nodig?

10

Een vlieg op de muur

In dit hoofdstuk bespreek ik ervaringsverhalen van cliënten en wat hen heeft geholpen om de draad weer op te pakken na hun baanverlies. Ik doe dit naar aanleiding van verzoeken van professionals die graag een kijkje willen nemen in mijn cliëntgesprekken – als het ware als een vlieg op de muur. Ik deel eerst een casus over rouwreacties na onvrijwillig baanverlies en daarna een casus over rouwreacties binnen Spoor 2.

Rouw binnen Spoor 2

Voor we in de inhoud duiken: binnen mijn praktijk spreek ik veel Spoor 2 kandidaten die last hebben van rouwreacties door het dreigende verlies van hun baan en/of gezondheidsproblemen. Onderzoek naar de invloed van rouwreacties binnen Spoor 2 trajecten is nog nauwelijks verricht. Op het moment van het schrijven van dit boek, ben ik daar verandering in aan het brengen door rouwreacties bij dreigend baan- en gezondheidsverlies meetbaar te maken (Van Eersel et al., 2024; Van Eersel et al., 2025). Daarnaast ben ik de relatie tussen de intensiteit van deze rouwreacties in Spoor 2 en de kwaliteit van de zoektocht naar werk aan het ontrafelen.

Dat gezegd hebbend, ik ben ervan overtuigd dat de rouwprocessen voor de verschillende vormen van verlies vergelijkbaar zijn. Er zullen wellicht nuanceverschillen zijn in de rouwprocessen en uiteraard loopt de intensiteit van de rouw ver uiteen, afhankelijk van hoe belangrijk het verlies voor iemand is. Maar er zijn geen aanwijzingen dat rouwreacties na baanverlies wezenlijk verschillen van rouwreacties bij dreigend baanverlies of gezondheidsverlies. Daarom durf ik te stellen dat het cognitieve gedragsmodel en de genoemde interventies ook toepasbaar zijn voor rouwreacties binnen Spoor 2. In de ervaringsverhalen zal ik je dat laten zien bij twee cliënten.

Ervaringsverhalen

Na de theorie en bespreking van alle interventies uit hoofdstuk 9 kan ik me voorstellen dat je de behoefte voelt om te horen hoe dit werkt in de praktijk. Ik ga twee ervaringsverhalen van mijn cliënten delen, waarin ik hun situatie schets, wat we hebben gedaan en hoe het nu met ze gaat.

Context voor de ervaringsverhalen

Houd bij de ervaringsverhalen in gedachten dat ik psycholoog ben en sneller geneigd ben om de diepte in te duiken. Dat is voor mij een vanzelfsprekendheid. En ja, ook in mijn privéleven vertellen mensen mij vaak hun levensverhaal en wat ze op hun hart hebben, doordat ze de ruimte voelen om dit te delen. Kies je eigen pad in hoe jij de interventies wilt inzetten en doe dat op je eigen wijze, zolang je maar aansluit bij je cliënten en een open, empathische houding aanneemt. Als de problematiek toch te complex blijkt te zijn of niet aansluit bij jouw kennis en vaardigheden, toon dan je professionaliteit en verwijs je cliënt door.

Heleen

Situatieschets – Heleen

Heleen (63 jaar) werkte als data-analist en zette de uitkomsten van technici om in leesbare rapporten voor klanten. Ze had veel plezier in haar werk, vooral in het puzzelen op het schrijven van goede rapporten. Echter, door toenemende gezondheidsproblemen werd het werk steeds zwaarder voor haar. Vermoeidheid en concentratieproblemen namen toe, waardoor ze regelmatig moest verzuimen. In overleg met haar directeur werd besloten dat doorwerken niet meer haalbaar was. Hoewel Heleen achter deze keuze stond en ze op een fijne manier afscheid heeft genomen van haar collega's, voelde ze zich toch verloren na het verlies van haar baan.

Heleen had de WerkVerliesLijst ingevuld en haar score was 'oranje'. Op het moment dat ik haar sprak, doorliep ze een WerkFit-traject bij een collega. We hadden afgesproken dat ik mij alleen zou richten op het rouwgedeelte en dat ik de beroepenoriëntatie en het zoeken naar (vrijwilligers)werk aan mijn collega zou overlaten. Dit soort afspraken vooraf zijn belangrijk om te voorkomen dat er miscommunicatie en verwarring ontstaan. Je wilt juist elkaar versterken om je cliënt zo goed mogelijk te ondersteunen. Duidelijke kaders en afspraken zijn daarbij essentieel.

Coachingstraject – Heleen

Heleen en ik hebben elkaar drie keer gesproken. Het eerste gesprek stond in het teken van kennismaken en ontdekken waar ze behoefte aan had. Het tweede gesprek ging over ontladen, ontpiekeren, sociale steun en zelfzorg. En in het derde gesprek hebben we haar persoonlijke waardes onderzocht en teruggekeken op het proces.

Eerste gesprek – Heleen

In het eerste gesprek heb ik Heleen alle ruimte gegeven om haar verhaal te vertellen en heb ik doorgevraagd om te kijken waar het voor haar schuurt. Ik begin ieder gesprek met contact maken en ben daarin ook open over mijn eigen verhaal en kwetsbaarheden. Ik vind het belangrijk dat cliënten voelen dat we allebei mens zijn en dat ze niet alleen staan in hun proces. Empathie, nieuwsgierigheid en medemenselijkheid zijn hierin cruciaal. Daarnaast wil ik cliënten laten voelen dat zij expert zijn over zichzelf en dat ik veel weet van rouw, en dat we zo samen een heel eind kunnen komen.

Bij Heleen heb ik in het eerste gesprek vragen gesteld als: 'Wat voor werk deed je?', 'Wat mis je het meeste van je werk en wat het minste?', 'Hoe is de aanloop naar je ontslag verlopen?', 'Wie heeft het je verteld?', 'Hoe zijn de afronding en het afscheid verlopen?', 'Wie en/of wat is jou tot steun?' Dit soort vragen helpen om een goed beeld te krijgen van wat er speelt en wat iemand nodig heeft. In het geval van Heleen bleek al snel dat ze haar pijn en verdriet met weinig mensen deelde, omdat ze mensen niet tot last wilde zijn. Ik ben daarom nog meer in de vertraging gegaan, om haar te laten ervaren dat het prima is om lastige gevoelens en gedachtes te delen. Ik heb hierbij steeds getoetst hoe dit voor haar was en of het oké was om verder te gaan.

De pijn van de rouw leek voor Heleen te zitten in het baanverlies en het geen werk meer hebben. Ze had daardoor het gevoel dat ze nergens meer bij hoorde en ze niets meer kon. Maar ze was vooral boos op zichzelf en heeft het gevoel dat ze gefaald heeft. Anderen kunnen wel werken, waarom lukt het haar dan niet? Hier piekert zij veel over, zeker op de dagen dat zij te weinig energie heeft om het huis te verlaten en dingen te ondernemen.

Heleen lijkt daarom het meest gebaat bij oefeningen die haar kunnen helpen om beter om te gaan met haar emoties en minder te piekeren. Denk hierbij aan oefeningen zoals 'maak een playlist' en 'ga op één been staan' uit hoofdstuk 9. In een afgeschermde online-omgeving heb ik meerdere van dit soort 'ontladings'- en 'ontpieker'-oefeningen voor mijn cliënten staan, zodat ze in hun eigen tijd en tempo kunnen uitproberen welke oefeningen voor hen het beste werken. Hier is Heleen mee aan de slag gegaan.

Tweede gesprek – Heleen

Tijdens het tweede gesprek stonden we eerst stil bij hoe het de afgelopen weken is gegaan, hoe het nu met haar gaat en hoe het was om met de oefeningen aan de slag te gaan. Op basis daarvan keken we welke volgende stap nodig is. Heleen voelde zich beter en vond het fijn om zo aan zichzelf te werken. Ze had alle oefeningen rondom ontladen en ontpiekeren uitgeprobeerd, en de oefeningen die goed bevielen doet ze nog steeds regelmatig. We hebben samen besproken wat zij nog meer kan doen om minder last te hebben van stress, minder te piekeren, hoe zij liever kan zijn voor zichzelf en hoe zij meer steun kan ervaren en vragen.

Heleen wil niemand tot last zijn en ze vindt het ook lastig om haar verhaal te delen met anderen. Als zij bijvoorbeeld vertelt over haar intense vermoeidheidsklachten krijgt ze veelal praktische adviezen die niet werken, zoals: zet een wekker en sta 'gewoon' op. Tja, was het maar zo simpel. Hierdoor krijgt zij het gevoel dat anderen niet begrijpen hoe invaliderend haar vermoeidheid is, waardoor ze steeds minder deelt met haar omgeving. Van haar man ervaart ze wel veel steun. Hij maakt haar overdag vaak wakker om dan samen even iets te gaan doen en dat werkt goed, al kost ook dat veel energie. Ik leg haar uit dat er vele vormen van sociale steun zijn en dat je zelden alles in één persoon vindt. Je belt bijvoorbeeld meestal X als je verdrietig bent, terwijl je Y opzoekt als je een praktisch probleem hebt en naar Z gaat als je de behoefte hebt om samen heel hard te lachen. Vanuit dit perspectief bespreken we verschillende mensen in haar omgeving, zodat Heleen meer zicht krijgt op bij wie ze terechtkan voor welk probleem of behoefte. Dit geeft haar veel inzichten en ze is er na het gesprek direct mee gaan experimenteren, waardoor zij weer meer verbinding en steun ervaart van haar dierbaren.

Tijdens het gesprek wordt duidelijk dat Heleen geneigd is om hard voor zichzelf te zijn en dat zij vooral piekert over wat zij verkeerd heeft gedaan en wat anderen wel niet van haar zullen denken. Dit was voor mij de aanleiding om met haar het belang van zelfcompassie te bespreken en samen te onderzoeken hoe zij liever kan zijn voor zichzelf. Het zelfcompassie-mantra uit hoofdstuk 9 was een fijne manier voor haar om zich bewuster te worden van haar eigen gedrag en van het feit dat ze een keuze heeft om het anders te doen.

We hebben dit gesprek afgerond met een uitleg over persoonlijke waardes en hoe zij kunnen helpen om een waardevol leven te leiden, binnen de context van haar vermoeidheid. Heleen gaat aan de slag met oefeningen rondom persoonlijke waardes en zelfzorg.

Derde gesprek – Heleen

We staan eerst weer stil bij hoe het de afgelopen weken is gegaan, hoe het nu met haar gaat en wat de oefeningen haar hebben gebracht. Heleen geeft aan dat het beter gaat en dat het haar weer lukt om af en toe een paar pagina's te lezen. Zij is minder aan het piekeren en meer dingen aan het ondernemen waar zij blij van wordt, zoals diamond painting en 3D-kaarten maken. Ze vindt het heerlijk om creatief bezig te zijn, maar dat lukt haar alleen als alles klaarligt, anders is ze al te moe. We hebben daarom besproken hoe zij het praktisch kan regelen dat er aan deze voorwaarde wordt voldaan. Ze hebben een ruimte in huis waar veel van haar hobbyspullen liggen en haar man kan deze ruimte zo inrichten dat ze op elk gewenst moment kan starten en stoppen.

Heleen vond het fijn om te onderzoeken wat haar persoonlijke waardes zijn en hoe zij deze meer kan integreren in haar leven. Zo zijn voor haar eerlijkheid, betrouwbaarheid, stilte, geduld en verbinding belangrijk. Door de oefeningen weet ze nu beter hoe ze zichzelf rustig kan krijgen als het niet goed gaat en ze begint liever te worden voor zichzelf. Hierdoor lukt het haar nu om veel meer tijd door te brengen met haar man, haar kinderen en haar kleinkinderen. Ook lukt het haar nu om vaker kleine stukjes te wandelen.

Toen ik haar vroeg om terug te kijken, gaf ze aan dat ze het fijn vond om op deze manier met zichzelf bezig te zijn en dat ze zichzelf vaak had verrast met haar eigen antwoorden op de reflectievragen van de oefeningen. Deze positieve tendens was ook terug te zien in de score van de WerkVerliesLijst. Ze heeft nauwelijks meer last van gevoelens van rouw door het verlies van haar baan.

Ervaringsverhaal rouw binnen Spoor 2

De afgelopen jaren heb ik regelmatig cliënten in een Spoor 2 traject begeleid die last hebben van rouwreacties door het dreigende verlies van hun baan en gezondheidsproblemen. Dit rouwproces is grotendeels vergelijkbaar met baanverlies, alleen in Spoor 2 speelt baanonzekerheid vaak ook een grote rol. En dan met name de vraag: 'Wil ik blijven of zal ik gaan?' hoor ik vaak voorbijkomen in gesprekken. Hieronder staat een ervaringsverhaal opgetekend van een cliënt die 'oranje' scoort op rouwreacties bij dreigend baanverlies en gezondheidsproblemen.

Lieke

Situatieschets – Lieke

Lieke (45 jaar) werkt als docent aan de universiteit. Ze heeft eerst jaren gewerkt als promovendus, want onderzoeken zit in haar bloed. Doordat het leven gebeurde, lukte het haar niet om dit project tijdig af te ronden en werd haar contract niet verlengd. Ze kon wel aanblijven als docent en dan in haar vrije tijd verder werken aan haar proefschrift. Ze heeft ervoor gekozen om zo toch het lijntje met de universiteit en haar collega's te behouden.

Op het moment dat ik haar spreek, zit Lieke anderhalf jaar thuis met longcovidklachten. Daarnaast werkt zij enkele uren in de week om haar belastbaarheid te vergroten. Spoor 2 loopt sinds enkele weken en het idee dat zij wellicht niet bij de universiteit kan blijven, heeft grote impact op haar. Haar score op de Vragenlijst Dreigend Verlies van Werk was 'oranje'. Tijdens dit traject loopt het Spoor 2 traject met haar re-integratiebegeleider gelijktijdig door, met het oog op de *Wet verbetering poortwachter.*

Coachingstraject – Lieke

Het eerste gesprek met Lieke stond in het teken van kennismaken, in verbinding komen en onderzoeken waar de rouw zit. Het tweede gesprek ging over omgaan met stress en haar dreigende baanverlies. En in het derde gesprek hebben we voornamelijk gesproken over 'en hoe nu verder?'

Eerste gesprek – Lieke

Net als bij Heleen heb ik Lieke in het eerste gesprek alle ruimte gegeven om haar verhaal te vertellen. Doordat onze werkervaring gedeeltelijk overlapt, was het makkelijk om verbinding te maken en konden we snel schakelen. Ze schetste een situatie van hoge werkdruk, waarbij ze te weinig uren kreeg om de kwaliteit te kunnen leveren die ze graag wilde leveren. De stress stapelde zich al jaren op; toen ze ook nog longcovid kreeg, ging het niet meer en moest ze zich ziekmelden. In het begin van haar verzuim lukte het haar niet om uit te rusten. Ze kreeg hulp van een fysiotherapeut, ergotherapeut en psycholoog. Hierdoor begint zij weer op te krabbelen en haar energie neemt langzaam toe, maar ze voelt veel druk door de naderende einde wachttijd van 104 weken.

Lieke ervaart niet zozeer rouwreacties om het dreigende verlies van haar baan, maar wel doordat de kans dat ze ooit haar proefschrift kan afronden zo nog kleiner wordt. Ze voelt boosheid over dat het zo lang heeft geduurd voordat ze passende hulp kreeg. Hierdoor heeft ze nu te weinig tijd om op te bouwen in haar uren en haar eigen taken weer volledig op te pakken.

Van nature is Lieke een positief ingesteld persoon, maar door haar gebrek aan energie en de tijdsdruk van einde wachttijd kost het haar steeds meer moeite om optimistisch te blijven over haar toekomst. We bespreken verschillende oefeningen die zij kan uitproberen om haar huidige stressniveau te verlagen. Mijn cliënten kunnen kiezen uit meerdere oefeningen in een afgeschermde online-omgeving, zodat ze in hun eigen tijd en tempo kunnen uitproberen wat werkt voor hen. Ik heb Lieke geadviseerd om hier enkele oefeningen uit te proberen, zoals het duale procesmodel en op één been gaan staan – zoals omschreven in hoofdstuk 9.

Tweede gesprek – Lieke

We bespreken hoe het de afgelopen weken is gegaan, hoe het nu met haar gaat en waar ze behoefte aan heeft. Lieke heeft geëxperimenteerd met enkele oefeningen, maar ze vindt het lastig om deze te integreren in haar dagelijks leven. Ik geef haar als tip dat zij enkele oefeningen ook samen met haar zoon kan uitproberen, omdat het hen beiden kan helpen om de stress te verlagen en het ze tegelijkertijd een fijn moment samen geeft. Bijvoorbeeld door samen even te dansen op muziek. Ik probeer daarnaast te kijken wat iemand al doet om tot rust te komen, om zo dicht mogelijk aan te sluiten bij wat er al is. Voor Lieke helpt wandelen in de natuur en het beoefenen van yoga goed om meer tot rust te komen.

De onzekerheid over haar toekomst vliegt Lieke regelmatig aan. We staan stil bij wat een waardevol leven voor haar betekent en zoomen dieper in op waar voor haar de rouw zit. Ze denkt dat ze het verlies van het niet tijdig afronden van haar proefschrift steeds heeft weggestopt en dat dit nu niet meer lukt. Ze is bang dat al het werk dat ze erin heeft gestopt voor niets is geweest en dat ze nooit meer onderzoek zal kunnen verrichten. Door deze angst boven tafel te krijgen, kunnen we voorzichtig exploreren welke waardes hieronder liggen. Voor Lieke zijn dat analyseren en creativiteit. Al pratend merkt ze dat dit ook precies de elementen zijn die ze leuk vindt in scriptiebegeleiding.

Als ik doorvraag op waarom ze graag bij haar huidige werkgever wil blijven, volgen er vooral redenen om te vertrekken. Zo zijn veel oud-collega's vertrokken en heeft haar leidinggevende een andere functie. De enige reden die ze noemt om te blijven, is om haar proefschrift af te maken. Als ik daarop doorvraag, blijkt dat het de afgelopen jaren niet is gelukt om hier concrete stappen in te maken en dat ze geen mogelijkheden ziet om dit te veranderen. Als ze weer terug zou komen in haar oude baan, zou ze weer worden opgeslokt door haar onderwijstaken en schuift haar proefschrift weer naar de achtergrond. Hierop vraag ik haar om de aankomende weken te voelen hoe het zou zijn om te blijven en hoe het zou zijn om te vertrekken. Daarnaast gaat ze kijken of het lukt om wellicht enkele van haar hobby's nieuw leven in te blazen, om te ervaren dat ze meer is dan alleen haar werk. Dit is ook iets wat ik vaak bij cliënten doe, omdat dit een laagdrempelige en fijne manier is waarop ze (delen van) zichzelf kunnen terugvinden.

Derde gesprek – Lieke

We beginnen met kijken waar Lieke nu staat en hoe de afgelopen weken zijn verlopen. Het is haar gelukt om voor het eerst sinds lange tijd weer klarinet te spelen en ze heeft met iemand contact opgenomen om op zangles te gaan. Het dansen met haar zoon bevalt hun allebei heel goed. Ze doen dit vlak voor het eten, zodat het makkelijker is om daarna samen aan tafel te zitten.

Lieke ervaart meer rust in haar hoofd en lijf. Ze kan zich beter ontspannen en voelt zich veerkrachtiger. Tijdens haar vakantie is het haar zelfs gelukt om enkele dagen niets te doen. Ze heeft veel nagedacht over wat ze wil en er borrelen allerlei ideeën hoe zij haar talenten ook buiten het onderwijs kan inzetten. 163

Als ik vraag naar hoe zij nu tegen haar proefschrift aankijkt, reageert ze rustig. De druk en emotie die zij eerder ervaarde, zijn veel minder. Ze geeft aan dat ze het meer kan loslaten en wel gaat zien of het haar lukt. Voor nu wil ze zich eerst focussen op haar herstel en op zoek gaan naar een leuke baan, waar zij gewaardeerd wordt en niet zoveel werkdruk ervaart.

Ter afronding van het traject bespreek ik met Lieke de beslishulp uit hoofdstuk 9. Hierin staan tips en handvatten over wat, wanneer, aan wie en hoe ze meer kan vertellen over haar huidige situatie aan een nieuwe werkgever. Puur door hier bewust bij stil te staan en een keuze te maken over het wel of niet vertellen, wordt de kans op het vinden en behouden van werk aanzienlijk vergroot. Lieke vond het een fijn traject, waarin ze veel heeft geleerd over wat voor haar werkt en hoe zij voor zichzelf kan zorgen in tijden van verandering en onzekerheid. Dit blijkt ook uit de 'groene' score op de vragenlijst, wat aangeeft dat ze niet tot nauwelijks meer last heeft van rouwreacties door haar dreigende baanverlies.

Je ziet dat met de ideeën die zij nu heeft over haar loopbaan, het heel makkelijk is voor haar re-integratiebegeleider om hier verder op voort te borduren. Als er tijdens het traject dit soort ideeën borrelen bij mijn cliënten, dan vraag ik altijd of ze dit met een re-integratiebegeleider willen delen of dat ik het anders mag delen. Ook als ik op bijzonderheden stuit die het re-integratietraject in de weg kunnen staan, laat ik dit met toestemming van mijn cliënten aan hun re-integratiebegeleider weten.

Als je meer ervaringsverhalen wilt lezen en over hoe ontslag ook menselijk kan zijn, dan raad ik je aan om het boek *Bedank voor bewezen diensten* van Annick Ruyts (2023) te lezen. Ze laat je dicht op haar huid kruipen, terwijl ze de periode omschrijft na haar ontslag en wisselt dit af met inzichten van experts.

Take-aways

- Ervaringsverhalen tonen aan dat drie elementen helpen bij het verminderen van rouwreacties: empathie, openheid en gerichte interventies.
- Deze aanpak helpt je cliënten om de intensiteit van hun rouwreacties te verminderen en hun blik weer op de toekomst te richten.
- Het vergelijkbare rouwproces maakt het cognitieve gedragsmodel en de interventies ook geschikt voor Spoor 2.

Reflectievragen

1. Op welke wijze en wanneer maak jij rouw om baanverlies bespreekbaar bij je cliënten?
2. Hoe ga jij om met rouwreacties van je cliënten binnen Spoor 2?
3. Wat kun jij doen als je cliënten sterk blijven vasthouden aan (één aspect van) hun oude baan, zoals Lieke met haar proefschrift?
4. Hoe kun jij je cliënten begeleiden om meer zelfcompassie te ontwikkelen, zoals besproken in het voorbeeld van Heleen?
5. Hoe kun jij je cliënten helpen bij het identificeren van activiteiten die zij waardevol vinden, zoals Heleen en haar creatieve hobby's?

11

Toekomstdromen

In dit hoofdstuk sta ik stil bij de praktische implicaties en ideeën voor vervolgonderzoek naar gecompliceerde rouwreacties na baanverlies. Je leest meer over de implicaties van mijn promotieonderzoek 'Rouwen om baanverlies'. Wat heeft het opgeleverd en hoe kunnen we deze inzichten toepassen in de praktijk? En wat moet de aankomende jaren nog onderzocht worden rondom dit thema?

Eerst een terugblik

Als ik kijk naar hoeveel aandacht er nu is ten opzichte van toen ik ben gestart met mijn promotieonderzoek in 2015, is er veel veranderd. Al krijg ik nog steeds vaker dan mij lief is te horen: 'Je kunt toch alleen rouwen om het verlies van een dierbare?' Toch is er steeds meer aandacht voor rouwreacties na baanverlies en hoe dit het re-integratieproces kan beïnvloeden. Sterker nog, het UWV noemt aandacht voor (mogelijke) rouwreacties door dreigend baanverlies steeds vaker als een cruciaal onderdeel binnen een Spoor 2 traject (UWV, 2021).

De afgelopen jaren heb ik veel re-integratiebureaus gesproken die aangeven dat zij aandacht schenken aan rouwreacties bij (dreigend) baanverlies. Alleen als ik doorvraag hoe zij checken of er sprake is van rouwreacties en welke gerichte interventies zij inzetten, moeten ze het antwoord meestal schuldig blijven. Dat vind ik pijnlijk, met name voor hun cliënten. En dat is dan ook een belangrijke drijfveer om dit boek te schrijven.

Ik vind het belangrijk dat professionals rouwreacties bij (dreigend) baan- en gezondheidsverlies herkennen, dat ze weten hoe te handelen en minstens zo belangrijk: hun eigen grenzen in acht nemen. Als je niet weet wat je aan het doen bent, kun je rouwreacties onbedoeld erger maken. En kun je negatieve cognities en vermijdingsstrategieën onbedoeld versterken, waardoor je cliënten steeds meer gaan geloven dat wat zij denken, voelen en doen niet normaal is. Neem je eigen grenzen in acht en verwijs cliënten door als zij 'rood' scoren op de WerkVerliesLijst, Vragenlijst Dreigend Verlies van Werk of Vragenlijst Verlies Van Gezondheid. Als je zelf graag met deze problematiek aan de slag wilt, volg dan een opleiding tot rouw- en verliesbegeleider, zodat je je daarna kunt specialiseren in deze specifieke vorm van rouw. Dit laatste kan bijvoorbeeld door een van mijn masterclasses te volgen.

Praktijkimplicaties

De bevindingen uit mijn onderzoeken laten zien dat mensen wel degelijk rouwreacties kunnen ervaren na onvrijwillig baanverlies en dat een significante minderheid hier zelfs in kan vastlopen. Deze gecompliceerde rouwreacties verschillen van depressieve en angstklachten. Sterker nog, gecompliceerde rouwreacties zijn een voorspeller van het ontwikkelen van depressieve en angstklachten op termijn (hoofdstuk 3). Het is dan ook noodzakelijk om deze rouwreacties na baanverlies tijdig te herkennen, erkennen en aan te pakken, om te voorkomen dat je cliënten er nog meer ellende bij krijgen (hoofdstuk 7).

De omstandigheden van het baanverlies spelen een belangrijke rol in het ontwikkelen van gecompliceerde rouwreacties. Bijvoorbeeld als je cliënten hun ontslag als onrechtvaardig of onverwacht ervaren (hoofdstuk 5). Hier ligt ook een mogelijke oplossing om wellicht te voorkomen dat mensen vastlopen in rouw na baanverlies. Denk aan heldere en respectvolle communicatie tijdens het ontslaggesprek om het emotionele leed te verzachten. Of cliënten waar mogelijk eerder bij het ontslagproces betrekken, zodat het nieuws niet als donderslag bij heldere hemel komt. Oprechte en duidelijke uitleg geven, zodat cliënten niet blijven zoeken naar een verklaring voor hun ontslag. Een exitgesprek voeren om de laatste vragen te beantwoorden. En cliënten faciliteren om passend afscheid te nemen. Dit geeft je cliënten een groter gevoel van controle en autonomie, waardoor zij beter met het baanverlies kunnen omgaan en de emotionele impact kan worden verzacht (hoofdstuk 8).

Daarnaast heb ik tijdens mijn promotietraject diverse vragenlijsten ontwikkeld om gecompliceerde rouwreacties bij (dreigend) baan- en gezondheidsverlies te meten. Deze stel ik kosteloos online beschikbaar om te zorgen dat er meer erkenning en herkenning komt voor dit soort rouwreacties. De WerkVerliesLijst, Vragenlijst Dreigend Verlies van Werk, Vragenlijst Verlies Van Gezondheid en ook de Rouw Cognitie Vragenlijst – Werk zijn gemakkelijke manieren om snel te toetsen of jouw cliënten op dit moment last hebben van rouwreacties. Bij een 'groene' score hebben ze geen tot nauwelijks last van rouwreacties en dat is goed nieuws. Bij een 'oranje' score kun je als het aansluit bij je competenties en vaardigheden zelf aan de slag om de intensiteit van deze rouwreacties te verminderen. Bij een 'rode' score is het verstandig om ze door te verwijzen, zodat je de rouwreacties niet onbedoeld erger maakt (hoofdstuk 4). Alle vragenlijsten staan op *www.werkverlieslijst.nl*. Doe er je voordeel mee en maak er gebruik van.

Het cognitieve gedragsmodel voor gecompliceerde rouwreacties na baanverlies geeft inzicht in: wie meer risico loopt om vast te lopen in rouwreacties na baanverlies (hoofdstuk 5), kernprocessen waar je gerichte interventies op kunt inzetten (hoofdstuk 6), hoe gecompliceerde rouwreacties eruitzien (hoofdstuk 3) en wat de gevolgen zijn (hoofdstuk 7). Drie kernprocessen staan hierin centraal: 1) negatieve cognities en misinterpretatie van eigen rouwreacties, 2) angstige en depressieve vermijdingsstrategieën en 3) ontoereikende integratie van het baanverlies in het langetermijngeheugen. Dit zijn de kernprocessen waarop gerichte interventies kunnen worden ingezet. Voor cliënten die 'oranje' scoren kom je meestal al heel ver als je helder uitleg geeft over wat rouwen om baanverlies is (hoofdstuk 8) en oefeningen gericht op rouw, emotieregulatie, ontpiekeren en waardes (hoofdstuk 9).

Voor cliënten die 'rood' scoren op de vragenlijsten worden meer therapeutische vaardigheden gevraagd en is het beter om ze door te verwijzen. Dit kan bijvoorbeeld naar mij of een van mijn transitiecoaches. Ik heb speciaal voor mensen die 'oranje' of 'rood' scoren de transitietraining ontwikkeld (hoofdstuk 4). Deze training bestaat uit zes stappen met laagdrempelige onlineoefeningen en daarnaast drie tot vijf coachingsgesprekken. Na afloop ervaart 62 procent geen gecompliceerde rouwreacties meer en bij 30 procent is sprake van een forse afname in rouwreacties.

Als je zelf op zoek wilt naar een therapeut die uit de voeten kan met je cliënten die 'rood' scoren, is het ideale profiel: iemand die geschoold is in rouw- en verliesbegeleiding, Acceptance en Commitment Therapie beheerst en die ervaring heeft in de re-integratie. Dat laatste is belangrijk, omdat je wilt dat de focus blijft liggen op werk. In mijn beginjaren werkte ik soms samen met therapeuten die geen achtergrond in de re-integratie hadden, maar zij begrijpen de kaders niet waarbinnen jij als professional moet acteren. Een voorbeeld: een therapeut had tegen de cliënt gezegd dat zij niet meer hoefde te solliciteren en zich volledig moest richten op haar herstel en het vinden van vrijwilligerswerk. Deze cliënt zat in een Spoor 2 traject en dit advies was gegeven zonder overleg met de Spoor 2 begeleider, casemanager of bedrijfsarts. Dat kan niet en is vragen om problemen. Je wilt samenwerken met therapeuten die zich bewust zijn van dit soort kaders en die dus ervaring hebben met arbeidsre-integratie.

Om dit thema vanuit verschillende perspectieven te belichten en verder onder de aandacht te brengen, maak ik een podcastserie waarin ik in gesprek ga met experts en ervaringsdeskundigen over rouwreacties door baan- of gezondheidsverlies. Daarbij haal ik thema's uit dit boek, maar bespreken we ook thema's als stigma en positieve psychologie.

Vervolgonderzoek

Voor mij zijn de huidige onderzoeken pas het topje van de ijsberg, omdat we nog steeds zoveel niet weten over de rol van rouwreacties binnen de re-integratie. Om deze reden is het cognitieve gedragsmodel ontwikkeld, zodat er meer systematisch onderzoek kan worden verricht naar de onderliggende mechanismen en risicofactoren van gecompliceerde rouwreacties na baanverlies. Dit zijn enkele vraagstukken die ik nog graag zou onderzoeken.

1. Eerder onderzoek heeft laten zien dat 18 procent van de mensen die hun baan verliezen, vijf jaar later meer stress en lagere kwaliteit van leven ervaren (Bonanno et al., 2011). Hierbij is niet gekeken naar de aanwezigheid en invloed van gecompliceerde rouwreacties na baanverlies. Het is noodzakelijk om de prevalentie en gevolgen van deze rouwreacties te onderzoeken in verschillende doelgroepen, zoals werkloze mensen, Spoor 2 kandidaten, outplacementkandidaten en onvrijwillig/vroeg pensioen. Op dit moment leven er veel aannames over de overeenkomsten en verschillen in het rouwproces voor de verschillende vormen van verlies. Gedegen onderzoek ontbreekt nog om het kaf van het koren te scheiden en dat is nodig om effectieve begeleiding te kunnen bieden.

2. Daarnaast is bekend dat baanverlies vaak leidt tot een afname en uitputting van belangrijke hulpbronnen, zoals tijd, geld en sociale contacten (Hobfoll et al., 2018). Het is belangrijk om in kaart te brengen in hoeverre deze uitputting van hulpbronnen bijdraagt aan het ontwikkelen en voortduren van gecompliceerde rouwreacties. Deze kennis helpt om meer gerichte preventieve maatregelen en interventies te ontwikkelen.

3. Er is nog weinig onderzoek verricht naar rouwreacties bij medewerkers die te maken krijgen met demoties of reorganisaties. Het is aannemelijk dat intense gevoelens van rouw de transitie naar een nieuwe functie in de weg staan. Dit kan leiden tot negatieve cognities en verminderde motivatie en betrokkenheid. Meer inzicht hierin kan bijdragen aan effectieve ondersteuning en de kans op uitval verkleinen.

4. Gecompliceerde rouwreacties na baanverlies kunnen jaren aanhouden als ze niet worden aangepakt, wat de kans op het vinden en behouden van passend werk aanzienlijk verkleint. Meer onderzoek naar de langetermijneffecten van deze rouwreacties, zoals een verhoogd risico op depressieve en angstklachten, is noodzakelijk.

5. Mensen die hun identiteit sterk ontlenen aan hun werk, hebben meer kans op het ontwikkelen van gecompliceerde rouwreacties door baanverlies (Papa & Lancaster, 2016). Het is zinvol om meer inzicht te krijgen in de relatie tussen rouwreacties en identiteitsontwrichting, om meer preventieve maatregelen te kunnen treffen en gerichte interventies in te zetten.

6. Er is nog weinig bekend over gecompliceerde rouwreacties bij andere vormen van levend verlies, zoals gezondheidsproblemen, scheiding en emigratie. Het is belangrijk om verder onderzoek te verrichten om te bepalen hoe deze rouwprocessen overeenkomen en waar eventuele verschillen liggen, om gerichte hulp te kunnen bieden.

7. Zelfstigma kan een belangrijke rol spelen bij de instandhouding van gecompliceerde rouwreacties na baanverlies (Brouwers, 2020). Het is noodzakelijk om verder te onderzoeken hoe gevoelens van schuld en schaamte bijdragen aan de continuering van deze rouwreacties, om effectieve ondersteuning te kunnen bieden.

8. Ondernemers die hun bedrijf verliezen, hebben daar vaak hun ziel en zaligheid ingestoken. Daarnaast hebben zij vaak minder hulpbronnen om op terug te vallen, omdat zij niet dezelfde bescherming hebben als mensen in loondienst. Het lijkt dan ook logisch dat zij meer kans lopen op het ontwikkelen van gecompliceerde rouwreacties door baanverlies. Hier is nog geen onderzoek naar verricht en dat is hard nodig.

9. Het is aannemelijk dat een gebrek aan psychologische veiligheid, zoals oneerlijke bejegening, je niet kunnen uitspreken of geen rugdekking krijgen, kan resulteren in meer negatieve cognities. Het is nog onbekend hoe dit zich verhoudt tot de intensiteit van rouw bij (dreigend) baanverlies en de zoektocht naar ander werk.

10. Tot slot weten we dat bij verlies van een dierbare preventieve maatregelen niet veel effect hebben op het verminderen van gecompliceerde rouwreac-

ties. Maar hoe zit dat bij baanverlies? Het is belangrijk om het effect te onderzoeken van preventieve interventies die voor of tijdens het ontslag worden ingezet, zoals exitgesprekken en passend afscheid nemen.

Take-aways

- De ontwikkelde vragenlijsten en interventies zijn essentieel om tijdig rouwreacties bij je cliënten te herkennen en aan te pakken.
- Ken je grenzen als professional en verwijs je cliënten door bij 'rode' scores.
- Het cognitieve gedragsmodel biedt waardevolle inzichten in risicogroepen en kernprocessen, wat gerichte interventies mogelijk maakt.
- Dit eerste systematische onderzoek naar gecompliceerde rouwreacties na baanverlies vraagt om vervolgonderzoek om onze kennis te verdiepen en onze aanpak verder te verfijnen.

Reflectievragen

1. Wat zou jij doen als een cliënt een 'oranje' of 'rode' score behaalt op een van de rouwvragenlijsten en hoe zou je dit bespreekbaar maken?
2. Welke praktische stappen kun jij nemen om het risico op gecompliceerde rouwreacties na ontslag te verkleinen?
3. Op welke manier kun je de vragenlijsten integreren in je huidige werkwijze?
4. Hoe kun je het cognitieve gedragsmodel gebruiken om je interventies gerichter in te zetten bij cliënten die rouwen om baanverlies?
5. Welke thema's moeten volgens jou verder worden onderzocht?

Dankwoord

Na het afronden van mijn proefschrift had ik niet verwacht een boek te schrijven. Ik heb lang met de gedachte gespeeld voor ik hieraan toe kon geven. De terugkerende vragen van professionals 'Wanneer ga je dit in een boek zetten?' en 'Waar kan ik hier meer over lezen?' hebben er zeker aan bijgedragen om alle belemmerende gedachtes aan de kant te schuiven en het gewoon te gaan doen. Net als mijn proefschrift had ik ook dit boek niet kunnen schrijven zonder de hulp van vele fijne mensen.

Henri, fijn dat je mij iedere keer weer de ruimte geeft om mijn eigen pad te volgen, ook als ik mijzelf weer eens uren (lees dagen) terugtrek in mijn werkkamer. Toen ik zelfs op vakantie nog op mijn telefoon verder wilde werken aan het boek en discussiëren over de juiste manier van het voeren van een ontslaggesprek, keek je niet eens verbaasd op. Dank voor al jouw hulp, steun en aanmoediging.

Astrid, de hoeveelheid appjes die wij wel niet hebben uitgewisseld over dit boek. Je hebt met alle momenten meegejuicht en mij aangemoedigd om door te gaan als ik er even doorheen zat. En ja, alle poezenfoto's waren daarbij zeker helpend. Fietje is een queen.

Ellen, jij hebt mij voorgeleefd hoe je boeken schrijft, door inmiddels al drie boeken te schrijven en drie scheurkalenders te maken. Inspirerend. En dat je ook in boeken ruimte moet maken voor illustraties en hoeveel waarde dat toevoegt.

Merel, geweldig hoe jij vol zelfvertrouwen je dromen najaagt. Je durft groot te denken en maakt jezelf nooit kleiner. Fijn om samen op te lopen en om van je te leren. Dank voor je hulp en het meedenken.

Eliane, jij gaf mij het laatste zetje om dit boek te gaan schrijven door mij te wijzen op een webinar van een uitgever. Eindelijk heb ik een ander pad gekozen, maar ik had waarschijnlijk nog lang op dat twijfelpunt gehangen zonder jouw aanmoediging.

Sabine, je hebt zo fijn geholpen om de structuur en juiste toon te vinden in de eerste hoofdstukken. De eerste versies waren nog veel te technisch en wetenschappelijk. Door onze gesprekken kon ik de tekst zodanig aanpassen dat deze toegankelijk en leesbaar werd.

Yinne, hartelijk dank dat je mijn beroerde tekeningen en pogingen tot figuren hebt omgezet in duidelijke en strak vormgegeven figuren. En ook voor je geduld dat je steeds weer even X of Y wilde aanpassen.

Jetteke, wat ontzettend fijn om met jou samen te werken. Elk idee dat ik aan jou voorlegde zette jij om in prachtige illustraties met een kwinkslag, waardoor er ruimte bleef voor lichtheid. Jouw creativiteit en vakmanschap zijn goud waard.

Marloes, dank voor jouw vertrouwen en begeleiding als uitgever. Heel fijn dat je steeds zo enthousiast en meedenkend reageerde op alle plannen en ideeën.

Tot slot wil ik alle tegenlezers, die ik nog niet heb genoemd, bedanken voor hun feedback en het meedenken: Yamani Lesteluhu, Cor van Mierlo, Kim Kroontje, Piet-Hein Verdegaal, Jacqueline van Tilburg, Ingrid van Bennekom, Caroline Berkhout, Saskia Looijen, Toon Taris, Paul Boelen en Joey Velberg.

Natuurlijk ook dank aan de fijne experts die bereid waren om hun visie te delen over dit thema in het voorwoord: Jitske Kramer, Merel Feenstra-Verschure, Irmgard Borghouts, Evelien Brouwers en Aaltje Vincent. Zo waardevol.

Daarnaast ben ik dankbaar voor alle aanmoedigingen en tips van mijn familie, vrienden, bekenden, nieuwsbrieflezers en LinkedIn-volgers. De fijne mensen die bereid waren om hun verhaal te delen in een interview en via de mail hielpen om meer variëteit in de casussen te kunnen aanbrengen. De vragen en kritische noten die door professionals zijn gesteld, evenals de ervaringen die zijn gedeeld tijdens de masterclasses en presentaties, hebben mij in staat gesteld mijn inzichten steeds verder aan te scherpen en te verfijnen.

Maar dit boek was er niet geweest zonder mijn cliënten. Zij zijn mijn *why*. Ik hoop dan ook dat dit boek ervoor zorgt dat steeds meer mensen de hulp krijgen die nodig is als zij vast (dreigen te) lopen in rouw door baanverlies.

Over de auteur

Dr. Janske van Eersel (1980) is onderzoeker, psycholoog, docent, trainer, spreker én ondernemer. In deze hoedanigheden speelt zij een belangrijke rol in zowel de academische wereld als in de re-integratiebranche. Op deze manier kan ze de theorie met de praktijk verbinden en daarmee een wezenlijke bijdrage leveren aan de erkenning en herkenning van rouwreacties bij (dreigend) baanverlies en gezondheidsproblemen. Janske hoopt dat mensen hierdoor minder onnodig aan de zijlijn hoeven te blijven staan.

Na haar propedeuse Toegepaste Psychologie in 2000 en doctoraal Cultuur- en Godsdienstpsychologie in 2006 heeft Janske ervaring opgedaan als psycholoog en re-integratiecoach. In 2014 rondde zij haar post-hbo-opleiding Rouw- en Verliesbegeleiding af. In datzelfde jaar moest ze zelf ervaren hoe groot het effect kan zijn van het niet-vrijwillig verliezen van je baan. Dit heeft haar nog meer gemotiveerd om de impact van onvrijwillig baanverlies op de kaart te zetten van professionals en beleidsmakers in de re-integratiebranche en HRM.

Sinds 2015 verricht zij onderzoek naar 'Gecompliceerde rouwreacties door baanverlies' als buitenpromovendus aan de Universiteit Utrecht. In 2015 richtte ze ook haar eigen bedrijf op, van waaruit ze als psycholoog, onderzoeker, spreker en trainer werkt. Met ups-and-downs, maar altijd met veel passie en energie, rondde zij in 2022 haar promotieonderzoek af. Janske heeft onomstotelijk kunnen vaststellen dat je wel degelijk kunt rouwen om onvrijwillig baanverlies. Een belangrijke mijlpaal was bereikt! Maar dit was voor Janske geen reden om een tandje terug te schakelen. Sterker nog, haar bedrijf blijft groeien en Janske is direct na haar promotie gestart met een vervolgonderzoek naar rouw bij dreigend baanverlies en gezondheidsproblemen. Naast haar eigen bedrijf is Janske werkzaam als postdoctoraal onderzoeker aan Tilburg University. Zij is betrokken bij diverse ZonMw-projecten, zoals 'Vanuit willen en kunnen samen het juiste spoor leggen' en 'Een lerend netwerk van bedrijven als antwoord op de vraag naar verbetering tweede spoor'. Ook geeft Janske regelmatig interviews aan de media en heeft ze haar eigen podcastserie waarin zij in gesprek gaat met experts en ervaringsdeskundigen over rouwreacties door baan- of gezondheidsverlies.

Janske heeft met haar ongekende ambitie en motivatie veel resultaten kunnen boeken, maar haar honger is nog lang niet gestild. Met haar academische bril en 'hands-on-mentaliteit' blijft zij haar aandeel leveren om de wereld een beetje mooier te maken.

Meer informatie over haar werk en publicaties kun je vinden op *www.janskevaneersel.nl.*

Leestips

Beukering, E. (2021). *In 10 stappen een succesvolle 2e-spoorcoach.* Expertboek.

Braun, D., & Kramer, J. (2015). *De corporate tribe. Organisatielessen uit de antropologie.* Boom.

Buelens, V. (2022). *Fired Up. Alles wat je nodig hebt voor een correct en respectvol ontslag.* Gompel & Svacina.

Dreezens, E. (2023). *Ieder zijn rouw. Gids voor coachen bij verlies.* Boom.

Grosfeld, T. (1 juni 2020). Ik werk, dus ik ben. Maken we onze baan te belangrijk? *Het Parool.*

Harris, D.L. (2020). *Non-Death Loss and Grief: Context and Clinical Implications.* Routledge.

Jansen, G. (2023). *Het ACT basisboek. De ultieme gids voor professionals.* Thema.

Keijser, J. de, Boelen, P., & Smid, G. (2018). *Handboek traumatische rouw.* Boom.

Kramer, J. (2024). *Tricky tijden. Laat je niet gek maken.* Boom.

Neff, K. (2011). *Zelfcompassie. De bewezen kracht van zelfliefde.* Cargo.

Ruyts, A. (2023). *Bedank voor bewezen diensten. Hoe ontslag ook menselijk kan zijn.* Borgerhoff & Lamberigts.

Sadelhoff, L. van (2021). Rouw op de leedladder. Welk verlies is erg, erger, ergst? *De Correspondent.*

Steeneveld, M. (2017). *Optimisme, hoop, veerkracht, zelfvertrouwen.* Boom.

Verhaeghe, P. (2012). *Identiteit.* De Bezige Bij.

Vincent, A. (2023). *Jobmarketing 3.0.* Spectrum.

Referenties

American Psychiatric Association (2022). *Diagnostic and Statistical Manual of Mental Disorders, 5th Edition, Text Revision (DSM-5-TR).* Boom.

Archer, J., & Rhodes, V. (1993). The grief process and job loss: A cross-sectional study. *British Journal of Psychology, 84*(3), 395-410. https://doi.org/10.1111/j.2044-8295.1993.tb02491.x.

Barlow, D.H., Sauer-Zavala, S., Carl, J.R., Bullis, J.R., & Ellard, K.K. (2013). The nature, diagnosis, and treatment of neuroticism: Back to the future. *Clinical Psychological Science, 2*(3), 344-365. https://doi.org/10.1177/2167702613505532.

Beukering, E. (2021). *In 10 stappen een succesvolle 2e-spoorcoach.* Expertboek.

Boelen, P.A., Bout, J.V. van den, Keijser, J. de, & Hoijtink, H. (2003). Reliability and validity of the Dutch version of the inventory of traumatic grief (ITG). *Death Studies, 27*(3), 227-247. https://doi.org/10.1080/07481180302889.

Boelen, P.A., Hout, M.A. van den, & Bout, J. van den (2006). A cognitive-behavioral conceptualization of complicated grief. *Clinical Psychology: Science and Practice, 13*(2), 109-128. https://doi.org/10.1111/j.1468-2850.2006.00013.x.

Bonanno, G.A., Westphal, M., & Mancini, A.D. (2011). Resilience to loss and potential trauma. *Annual Review of Clinical Psychology, 7*, 511-535. https://doi.org/10.1146/annurev-clinpsy-032210-104526.

Brand, J.E. (2015). The far-reaching impact of job loss and unemployment. *Annual Review of Sociology, 4*, 359-375. https://doi.org/10.1146/annurev-soc-071913-043237.

Braun, D., & Kramer, J. (2015). *De corporate tribe. Organisatielessen uit de antropologie.* Boom.

Brewington, J.O., Nassar-McMillan, S.C., Flowers, C.P., & Furr, S.R. (2004). A preliminary investigation of factors associated with job loss grief. *Career*

Development Quarterly, 53(1), 78-83. https://doi.org/10.1002/j.2161-0045.2004.tb00657.x.

Brouwers, E.P. (2020). Social stigma is an underestimated contributing factor to unemployment in people with mental illness or mental health issues: Position paper and future directions. *BMC Psychology, 8*, 1-7. https://doi.org/10.1186/s40359-020-00399-0.

Brouwers, E.P.M., Joosen, M.C.W., Zelst, C. van, & Weeghel, J. van (2020). To disclose or not to disclose: A multi-stakeholder focus group study on mental health issues in the work environment. *Journal of Occupational Rehabilitation, 30*, 84-92.

Buelens, V. (2022). *Fired Up: Alles wat je nodig hebt voor een correct en respectvol ontslag.* Gompel & Svacina.

CBS (2024). *Minder vacatures, meer banen in tweede kwartaal van 2024.* https://www.cbs.nl/nl-nl/nieuws/2024/33/minder-vacatures-meer-banen-in-tweede-kwartaal-van-2024.

Djelantik, A.A.A.M.J., Smid, G.E., Kleber, R.J., & Boelen, P.A. (2017). Symptoms of prolonged grief, post-traumatic stress, and depression after loss in a Dutch community sample: A latent class analysis. *Psychiatry Research, 247*, 276-281. https://doi.org/10.1016/j.psychres.2016.11.023.

Djelantik, A.A.A.M.J., Smid, G.E., Kleber, R.J., & Boelen, P.A. (2018). Do prolonged grief disorder symptoms predict post-traumatic stress disorder symptoms following bereavement? A cross-lagged analysis. *Comprehensive Psychiatry, 80*, 65-71. https://doi.org/10.1016/j.comppsych.2017.09.001.

Doka, K.J. (2016). *Grief is a journey: Finding your path through loss.* Simon & Schuster. https://doi.org/10.1177/0030222816673489.

Eersel, J.H.W. van (2022). *Working through job loss: Characteristics and consequences of complicated grief following job loss.* Universiteit Utrecht. https://doi.org/10.33540/1253.

Eersel, J.H.W. van, Hulshof, I.L., Wickham, M.I., Smid, G.E., & Boelen, P.A. (2024). Pre-job loss grief reactions and work attachment among sick-listed employees: Introduction of the imminent job loss scale. *BMC Psychology, 12:118.* https://doi.org/10.1186/s40359-024-01626-8.

Eersel, J.H.W. van, Hulshof, I.L., Wickham, M.I., Smid, G.E., & Boelen, P.A. (2025). Health loss-related grief and coping among sick-listed employees: Psychometric evaluation of the Health Impairment Grief Scale. Manuscript in voorbereiding.

Eersel, J.H.W. van, Taris, T.W., & Boelen, P.A. (2019). Development and initial validation of the job loss grief scale. *Anxiety, Stress, & Coping, 32*(4), 428-442. https://doi.org/10.1080/10615806.2019.1619703.

Eersel, J.H.W. van, Taris, T.W., & Boelen, P.A. (2020a). Complicated grief following job loss: Risk factors for its development and maintenance. *Scandinavian Journal of Psychology, 61*(5), 698-706. https://doi.org/10.1111/sjop.12650.

Eersel, J.H.W. van, Taris, T.W., & Boelen, P.A. (2020b). Reciprocal relations between complicated grief, depression, and anxiety following job loss: A cross-lagged analysis. *Clinical Psychologist, 24*(3), 276-284. https://doi.org/10.1111/cp.12212.

Eersel, J.H.W. van, Taris, T.W., & Boelen, P.A. (2021). Grief reactions, depression, and anxiety following job loss: Patterns and correlates. *European Journal of Psychotraumatology, 12*(1), 1-13. https://doi.org/10.1080/20008198.2021.1905348.

Eersel, J.H.W. van, Taris, T.W., & Boelen, P.A. (2022a). Job loss-related complicated grief symptoms: A cognitive-behavioral framework. *Frontiers in Psychiatry*, 13: 933995. https://doi.org/10.3389/fpsyt.2022.933995.

Eersel, J.H.W. van, Taris, T.W., & Boelen, P.A. (2022b). Negative cognitions and emotional distress following job loss: Development and validation of the Beliefs about Loss Of Work (BLOW) scale. *International Journal of Cognitive Therapy, 15*, 191-208. https://doi.org/10.1007/s41811-021-00126-6.

Eersel, J.H.W. van, Taris, T.W., & Boelen, P.A. (2023). Symptoms of complicated grief and depression following job loss: Can engagement in non-work activities bring relief? *Stress & Health, 39*(3), 600-613. https://doi.org/10.1002/smi.3209.

Feenstra-Verschure, M.T. (2022). *Locked at the job: Examining antecedents, consequences and its process.* Tilburg University.

Freud, S. (1917). Mourning and melancholia. *The standard edition of the complete psychological works of Sigmund Freud, 14*(1914-1916), 237-258.

Fugate, M., Kinicki, A.J., & Ashforth, B.E. (2004). Employability: A psycho-social construct, its dimensions, and applications. *Journal of Vocational Behavior, 65*(1), 14-38. https://doi.org/10.1016/j.jvb.2003.10.005.

Gordon, M.E. (2011). The dialectics of the exit interview: A fresh look at conversations about organizational disengagement. *Management Communication Quarterly, 25*(1), 59-86. https://doi.org/10.1177/0893318910376914.

Grosfeld, T. (1 juni 2020). Ik werk, dus ik ben: Maken we onze baan te belangrijk? *Het Parool.* https://www.parool.nl/ps/ik-werk-dus-ik-ben-maken-we-onze-baan-te-belangrijk~bb57b7b5/.

Harris, D.L. (2020). *Non-death loss and grief: Context and clinical implications.* Routledge. https://doi.org/10.4324/9780429446054.

Have, M. ten, Tuithof, M., Dorsselaer, S. van, Schouten, F., Luik, A.I., & Graaf, R. de (2023). Prevalence and trends of common mental disorders from 2007-2009 to 2019-2022: Results from the Netherlands mental health survey and incidence studies (NEMESIS), including comparison of prevalence rates before vs. during the COVID-19 pandemic. *World Psychiatry, 22*(2), 275-285.

Hayes, S.C., Strosahl, K.D., & Wilson, K.G. (2012). *Acceptance and commitment therapy: The process and practice of mindful change* (2th ed.). The Guilford Press.

Hobfoll, S.E., Halbesleben, J., Neveu, J.P., & Westman, M. (2018). Conservation of resources in the organizational context: The reality of resources and their consequences. *Annual Review of Organizational Psychology and Organizational Behavior*, 5, 103-128. https://doi.org/10.1146/annurev-orgpsych-032117-104640.

Hobfoll, S.E., Tirone, V., Holmgreen, L., & Gerhart, J. (2016). Conservation of resources theory applied to major stress. In G. Fink (Ed.), *Stress: Concepts, cognition, emotion, and behaviour* (pp. 65-71). Elsevier Academic Press. https://doi.org/10.1016/B978-0-12-800951-2.00007-8.

Hofstede, G. (2011). Dimensionalizing cultures: The Hofstede model in context. *Online Readings in Psychology and Culture, 2*(1), 2307-0919. https://doi.org/10.9707/2307-0919.1014.

Hooft, E.A.J. van, Kammeyer-Mueller, J.D., Wanberg, C.R., Kanfer, R., & Basbug, G. (2021). Job search and employment success: A quantitative review and future research agenda. *Journal of Applied Psychology, 106*(5), 674-713. https://doi.org/10.1037/apl0000675.

Jahoda, M. (1981). Work, employment, and unemployment: Values, theories, and approaches in social research. *American Psychologist, 36*(2), 184-191. http://dx.doi.org/10.1037/0003-066X.36.2.184.

Janoff-Bulman, R. (1992). *Shattered assumptions: Towards a new psychology of trauma.* Simon & Schuster.

Jansen, T. (2003). *Het moest maar eens gaan sneeuwen.* Uitgeverij Podium.

Janssens, K.M.E., Joosen, M.C.W., Henderson, C., Bakker, M., Hollander, W. den, Weeghel, J. van, & Brouwers, E.P.M. (2024). Effectiveness of a stigma awareness intervention on reemployment of people with mental health issues/mental illness: A cluster randomised controlled trial. *Journal of Occupational Rehabilitation, 34*(1), 87-99. https://doi.org/10.1007/s10926-023-10129-z.

Janssens, K.M., Weeghel, J. van, Dewa, C., Henderson, C., Mathijssen, J.J., Joosen, M.C., & Brouwers, E.P. (2021). Line managers' hiring intentions regarding people with mental health problems: a cross-sectional study on workplace stigma. *Occupational and Environmental Medicine*, *78*(8), 593-599. https://doi.org/10.1136/oemed-2020-106955.

Keijser, J. de, Boelen, P., & Smid, G. (2018). *Handboek traumatische rouw.* Boom.

Kramer, J. (2024). *Tricky tijden.* Boom.

Kramer, J., & Braun, D. (2018). *Building tribes: Reisgids voor organisaties.* Boom.

Kübler-Ross, E. (1969). *On death and dying.* Routledge.

Lenferink, L.I.M., Keijser, J. de, Smid, G.E., Djelantik, A.A.A. M.J., & Boelen, P.A. (2017). Prolonged grief, depression, and posttraumatic stress in disaster-bereaved individuals: Latent class analysis. *European Journal of Psychotraumatology, 8*(1), 1298311. http://dx.doi.org/10.1080/20008198.2017.1298311.

Lenferink, L.I.M., Nickerson, A., Keijser, J. de, Smid, G.E., & Boelen, P.A. (2019). Reciprocal associations between symptom levels of disturbed grief, posttraumatic stress, and depression following traumatic loss: A four-wave cross-lagged study. *Clinical Psychological Science* *7*(6), 1330-1339. https://doi.org/10.1177/2167702619858288.

Lerner, M.J. (1980). *The belief in a just world: A fundamental delusion.* Springer. https://doi.org/10.1007/978-1-4899-0448-5_2.

Lorenz, L., Maercker, A., & Bachem, R. (2020). The 12-month course of ICD-11 Adjustment Disorder in the context of involuntary job loss. *Clinical Psychology in Europe, 2*(3), e3027. https://doi.org/10.32872/cpe.v2i3.3027.

Miller, M.A., & Rahe, R.H. (1997). Life changes scaling for the 1990s. *Journal of Psychosomatic Research, 43*(3), 279-292. https://doi.org/10.1016/S0022-3999(97)00118-9.

Neff, K. (2011). *Zelfcompassie.* Cargo.

Papa, A., & Lancaster, N. (2016). Identity continuity and loss after death, divorce,

and job loss. *Self and Identity, 15*(1), 47-61. https://doi.org/10.1080/15298868.2015.1079551.
Papa, A., & Maitoza, R. (2013). The role of loss in the experience of grief: The case of job loss. *Journal of Loss and Trauma, 18*(2), 152-169. https://doi.org/10.1080/15325024.2012.684580.
Papa, A., Lancaster, N.G., & Kahler, J. (2014). Commonalities in grief responding across bereavement and non-bereavement losses. *Journal of Affective Disorders, 161*, 136-143. https://doi.org/10.1016/j.jad.2014.03.018.
Peterie, M., Ramia, G., Marston, G., & Patulny, R. (2019). Social isolation as stigma-management: Explaining long-term unemployed people's 'failure' to network. *Sociology, 53*(6), 1043-1060. https://doi.org/10.1177/0038038519856813.
Pratt, M.G., & Ashforth, B.E. (2003). Fostering meaningfulness in working and at work. In K.S. Cameron, J.E. Dutton & R.E. Quinn (Eds.), *Positive Organizational Scholarship: Foundations of a New Discipline* (pp. 309-327). Berret-Koehler Publishers.
Prigerson, H.G., Horowitz, M.J., Jacobs, S.C., Parkes, C.M., Aslan, M., Goodkin, K., Raphael, B., Marwit, S.J., Wortman, C., Neimeyer, R.A., Bonanno, G., Block, S.D., Kissane, D., Boelen, P., Maercker, A., Litz, B.T., Johnson, J.G., First, M.B., & Maciejewski, P.K. (2009). Prolonged grief disorder: Psychometric validation of criteria proposed for DSM-V and ICD-11. *PLoS Medicine, 6*(8), e1000121. https://doi.org/10.1371/journal.pmed.1000121.
Rilke, R. M. (2012). *Brieven aan een jonge dichter.* Balans.
Rousseau, D.M., Hansen, S.D., & Tomprou, M. (2018). A dynamic phase model of psychological contract processes. *Journal of Organizational Behavior, 39*(9), 1081-1098. https://doi.org/10.1002/job.2284.
Rözer, J.J., Hofstra, B., Brashears, M.E., & Volker, B. (2020). Does unemployment lead to isolation? The consequences of unemployment for social networks. *Social Networks, 63*, 100-111. https://doi.org/10.1016/j.socnet.2020.06.002.
Ruyts, A. (2023). *Bedank voor bewezen diensten: Hoe ontslag ook menselijk kan zijn.* Borgerhoff & Lamberigts.
Ryan, R.M., & Deci, E.L. (2000). Self-determination theory and the facilitation of intrinsic motivation, social development, and well-being. *American Psychologist, 55*(1), 68-78. https://doi.org/10.1037//0003-066x.55.1.68.
Sadelhoff, L. van (2020). Rouw heeft geen eindpunt. En dat is hoopvoller dan

het klinkt. *De Correspondent*. https://decorrespondent.nl/11349/rouw-heeft-geen-eindpunt-en-dat-is-hoopvoller-dan-het-klinkt/afod7edc-7803-074f-0a42-fb058f62cfa7.

Sadelhoff, L. van (2021). Rouw op de leedladder: Welk verlies is erg, erger, ergst? *De Correspondent*. https://decorrespondent.nl/12934/rouw-op-de-leedladder-welk-verlies-is-erg-erger-ergst/4602da3d-4dfa-0d68-04fc-d7c8b6ed8fbb.

Schaufeli, W., & Salanova, M. (2011). Work engagement: On how to better catch a slippery concept. *European Journal of Work and Organizational Psychology, 20*(1), 39-46. https://doi.org/10.1080/1359432X.2010.515981.

Shear, K., Frank, E., Houck, P.R., & Reynolds, C.F. (2005). Treatment of complicated grief: a randomized controlled trial. *Jama, 293*(21), 2601-2608. https://doi.org/doi:10.1001/jama.293.21.2601.

Shear, M.K., Simon, N., Wall, M., Zisook, S., Neimeyer, R., Duan, N., Reynolds, C., Lebowitz, B., Sung, S., Ghesquiere, A., Gorscak, B., Clayton, P., Ito, M., Nakajima, S., Konishi, T., Melhem, N., Meert, K., Schiff, M., Sareen, J., ... Keshaviah, A. (2011). Complicated grief and related bereavement issues for DSM-5. *Depression and Anxiety, 28*(2), 103-117. https://doi.org/10.1002/da.20780.

Smith, P.H., & Delgado, H. (2020). Working with non-death losses in counseling: An overview of grief needs and approaches. *Adultspan Journal, 19*(2), 118-127. https://doi.org/10.1002/adsp.12100.

Spinvis (2023). Icarus [lied]. Op *Be-bop-a-lula*. Excelsior Recordings.

Steeneveld, M. (2017). *Optimisme, hoop, veerkracht, zelfvertrouwen*. Boom.

Stroebe, M.S. & Schut, H. (1999). The dual process model of coping with bereavement: Rationale and description. *Death studies, 23*(3), 197-224. https://doi.org/10.1080/074811899201046.

Stryker, S., & Burke, P.J. (2000). The past, present, and future of an identity theory. *Social Psychology Quarterly, 63*(4), 284-297. https://www.jstor.org/stable/2695840

Tilburg-van Griensven, J. van (2024). *Uniform uit*. Ongepubliceerd manuscript.

UWV (2021). *Re-integratie in het tweede spoor*. https://www.uwv.nl/imagesdxa/re-integratie-in-het-tweede-spoor_tcm94-446295.pdf.

UWV (2024). *Januarinota 2024: Ontwikkelingen wetten en fondsen UWV 2023-2024*. https://www.uwv.nl/imagesdxa/uwv-januarinota-2024_tcm94-455035.pdf.

Verhaeghe, P. (2012). *Identiteit*. De Bezige Bij.

Wanberg, C.R., Hooft, E.A.J. van, Dossinger, K., Vianen, A.E.M. van, & Klehe, U.

(2020). How strong is my safety net? Perceived unemployment insurance generosity and implications for job search, mental health, and reemployment. *Journal of Applied Psychology, 105*(3), 209-229. http://dx.doi.org/10.1037/apl0000435.

Worden, J.W. (1982). *Grief counseling and grief therapy: A handbook for the mental health practitioner.* Springer Publishing Company.

Wortman, C.B., & Boerner, K. (2011). Beyond the myths of coping with loss: Prevailing assumptions versus scientific evidence. In H.S. Friedman (Ed.), *The Oxford Handbook of Health Psychology* (pp. 438-476). Oxford University Press.